Luciano Lima

L'Epica di Abramo

"La conquista della Terra Promessa"

SANTELLI
EDITORE

L'epica di Abramo
di Luciano Lima
prima edizione: Febbraio 2019
© *2019*, Santelli editore

Santelli editore
Viale Giacomo Mancini 236,
87100 Cosenza
0984.406939
info@santellieditore.it
www.santellieditore.it

PREMESSA

Un insolito silenzio aveva suscitato la mia attenzione alimentata da una curiosità crescente.

Mancavano alcune ore a quell'alba di una giornata gelida dell'inverno.

Il sonno incostante non rasserenava le turbolenze dell'anima che ondeggiava sui lacerti della memoria del passato bisognosa sempre di approdi, perennemente alla ricerca del senso della vita e quasi sempre nostalgica di una strana adolescenza.

Era stata un'adolescenza vissuta nello stupore e nella tensione di una preghiera recitata dentro la navata di una basilica rincorrendo gli echi di un organo che aveva diffuso note maestose accolte nell'abbraccio delle architetture barocche della Chiesa.

Stava nevicando!

Avrei voluto correre verso l'uscio, precipitarmi in fondo alle scale, afferrandomi alla ringhiera ad ogni voltata di rampa e sentirmi leggero ritornando bambino e tuffarmi poi sull'ampio vello bianchissimo e immacolato e perdermi a braccia aperte mordendo la neve fredda e soffice ... avrei voluto rinnovare quel rito pagano che tanto appagava la mia fantasia bambina, …. avrei voluto dimenticare il tempo intercorso tra l'innocenza e la malizia adulta … avrei voluto… ma non odo più la voce di mia madre; non odo più neppure quella di mia moglie…mentre si annoda la gola e inghiotto … inseguendo la masochistica ricerca della vita già spesa.

I fiocchi si trattenevano nell'aria ondeggiando per i pochi sospiri del vento, talvolta unendosi in matrimoni lattiginosi deponendosi decisi sull'asfalto reso sterile, spogliato delle forme usuali, rendendo tutto più puro e innocente con l'uniformità angelicata del bianco.

Ieri correvo su quel tappeto candido e gioivo lasciando le piccole orme delle mie piccole scarpe; ora rimango immobile estasiato e confuso mentre, anelo la parola di Dio e la cerco dovunque io veda la traccia della sua Potenza misteriosa e inafferrabile.

Mi illudo e mi tormento: non voglio essere travolto dal semplicistico materialismo che semplifica il mistero della vita mentre non riesce a dar conto neppure di una cellula che trasforma la materia in vita nello stupore dei ricercatori dei laboratori scientifici.

Rimango nella mia struggente condizione di sognatore dell'Infinito privo di risposte ma piego la testa e mi accontento di tanto in tanto di essere una piccola lucciola che si illude di rischiarare la notte mentre svolazza felice tra gli steli del grano.

Era ancora notte.... potevo ancora rimanere sospeso tra il cielo e la terra, tra la fantasia e la realtà ma il baluginio di un'alba appena accennata riproiettata dai cristalli di neve, lasciava filtrare il pensiero del dovere e degli impegni della giornata....

Tra poche ore sarebbero venuti i miei nipoti affidatimi dai genitori in fuga lavorativa!

....

«Buongiorno nonno! Hai dormito? Sei contento della neve? Cosa stai leggendo? Andiamo a costruire l'omino? Sai non andiamo a scuola! Hai preparato la colazione? Ti piacciono i nostri stivaletti per la neve? Tu...?»

L'incalzare delle domande vanifica la possibilità di una risposta articolata!

Dico si a tutto mentre saluto il loro padre che si stava recando al lavoro.

STAVO LEGGENDO LA BIBBIA

Dio disse «Questo è il segno dell'alleanza che io pongo tra me e noi e tra ogni essere vivente che è con voi per le generazioni eterne. Il mio arco pongo sulle nubi ed esso sarà il segno dell'alleanza tra me e la terra. Quando radunerò le nubi sulla terra e apparirà l'arco sulle nubi ricorderò la mia alleanza che è tra me e voi e tra ogni essere che vive in ogni carne e non ci saranno più le acque per il diluvio, per distruggere ogni carne. L'arco sarà, sulle nubi e io lo guarderò per ricordare l'alleanza eterna tra Dio e ogni essere che vive in ogni carne che è sulla terra». (Genesi)

Dopo aver punito l'empietà degli uomini con il diluvio universale Dio apparve a Noè e lo rassicurò ma nello stesso tempo lo ammonì a rispettare l'equilibrio del Creato e in generale il valore eterno della vita in tutte le sue forme animali e vegetali.

Dio ebbe pietà della natura umana che nasconde germi di malvagità e confidò sulla volontà dell'uomo che potrebbe trattenere il male se facesse prevalere il sentimento dell'amore universale.

Per questa fiducia e per questo impegno futuro di tutta l'umanità Dio disse: «*Non maledirò più il suolo a causa dell'uomo, perché l'istinto del cuore umano è incline al male fin dalla adolescenza; né colpirò più ogni essere vivente come ho fatto».* (Genesi)

IL GERME DEL MALE
Il viaggio dei Semiti

La storia dei Semiti è segnata dal germe del male. C'è un odio originale prodotto da una maledizione originale che distrusse l'armonia all'interno della famiglia di Noè: il cui figlio minore Cam si macchiò di una grave colpa verso il padre che lanciò un grave anatema che avrebbe colpito tutte le generazioni future:

«Sia maledetto Canaan!
Schiavo degli schiavi
sarà per i suoi fratelli (…):
Benedetto il Signore, Dio di Sem,
Canaan sia suo schiavo!
Dio dilati Iafet
e questi dimori nelle tende di Sem,
Canaan sia suo schiavo!».

L'anatema di Noè avremmo voluto che fosse stato circoscritto nel tempo e nello spazio ed anzi che fosse frutto di creazione letteraria ma alcuni studiosi della storia e della teologia sono portati a credere che l'anatema, pur nella incredibilità dell'affermazione sia stato operante nel passato ed anzi continui nella sua azione corrosiva e distruttiva persino nelle vicende del nostro tempo!

Secondo la Bibbia Sem figlio di Noè oltre ad essere il prediletto del padre lo era anche di Dio a dispetto dunque dei discendenti di Cam e di Iafet.

Si vedrà poi che Dio non solo predilesse, fra tutte le razze umane, i discendenti di Sem ma tra gli stessi Semiti ebbe poi una particolare predilezione per i discendenti di Abramo al quale promise l'aiuto per la conquista di una fertile terra che si estendeva dal fiume Nilo al fiume Eufrate insomma la Mezzaluna fertile del Medio Oriente.

Alla luce di testimoniante storiche risulta difficile conoscere l'origine e la provenienza geografica dei Semiti.

Stando al racconto della "Genesi" biblica Sem ebbe molti figli che si diffusero su tutto il Medio Oriente fino a giungere sulle montagne ad oriente del fiume Tigri.

Si legge nella Genesi che i figli di Sem furono Elam, Assur, Arpacsad, Lud e Aram. Costoro si diffusero dopo il diluvio universale e si distribuirono nell'ampio territorio del Medio Oriente che comprendeva terreni aridi, montuosi, talvolta desertici a ridosso quasi sempre di vallate fertili già abitate da altre popolazioni non Semitiche.

Il nostro viaggio storico-letterario tralascia i percorsi di insediamento nelle aree geografiche delle diverse tribù semitiche e concentra la sua attenzione sulla famiglia di Abramo per recuperare le origini seguendo la linea ascendente e giungere al capostipite cioè ad Arpacsad figlio primogenito di Sem.

Si legge nel libro della Genesi che Arpacsad generò Selach. Selach generò Eben; Eben generò Peley; Peley generò Ren; Ren generò Serny; Serny generò Narcor; Narcor generò Terach; Terach generò Abram, Nacor e Aran.

Questi antenati di Abramo furono eccezionalmente longevi tanto che Sem visse cinquecento anni, Arpacsad visse quattrocentotre anni; il solo Nacor nonno di Abramo ebbe la sfortuna di vivere centodiciannove anni.

La mancanza di testimonianze letterarie e storiche non ci consente di conoscere le vicende che riguardano il movimento carovaniero degli antenati di Abramo. Prendiamo come punto di partenza il racconto della Genesi relativo al trasferimento di

Terach, padre di Abramo, dalla città di Ur nelle terre di Sumer in Mesopotamia verso la destinazione ignota risalendo la corrente del fiume Eufrate. In verità il capitolo 11 della Genesi precisa che Terach era diretto nel paese di Canaan e forse perché aveva avuto l'informazione che in quella terra tormentata da conflitti di genti di varia provenienza geografica e culturale avrebbe trovato acqua in abbondanza e terreni fertili così come raccontavano viaggiatori provenienti dall'Egitto dediti ai traffici tra l'Asia, l'Egitto e la Mesopotamia.

IL QUADRO STORICO
PRIMA DEL VIAGGIO DI ABRAMO

Alcuni secoli prima del viaggio di Abramo dalla città di Ur verso la terra promessa le varie famiglie semitiche si erano diffuse su tutto il territorio dell'Asia anteriore entrando spesso in conflitto con le popolazioni preesistenti.

Alcune famiglie riuscivano ad integrarsi molte altre rimanevano ai margini in una condizione di nomadismo o seminomadismo come avverrà per la tribù carovaniera della famiglia di Abramo.

Uno dei personaggi di origine Semitica che si era integrato nella cultura sumerica della Bassa Mesopotamia fu Sargon che divenne un alto funzionario del re Urzababa della IV dinastia di Kish città-stato nella terra di Sumer posta tra il fiume Eufrate ed il fiume Tigri.

Sargon era di umili origini: dice la leggenda che fu salvato dalle acque del fiume Eufrate nel quale era stato collocato all'interno di una cesta.

Si formò certamente nella cultura Sumerica e conobbe i fasti delle città-stato della Mesopotamia del Sud come Uruk, Ur, Isim, Kish, Larsa, Nippur ecc. le, quali dominavano i commerci di tutta l'area Medio-orientale giungendo non solo nel Nord della Mesopotamia ma fino al Mediterraneo e perfino in Egitto.

Nella città-stato di Kish Sargon meritò la stima del re Urzababa ma presto la sua ambizione sfrenata e forse la voglia di riscatto della sua razza Semitica lo spinse a fondare una sua città chiamata Akkad più a nord di Kish nel punto geografico in cui l'Eufrate e il Tigri si trovano alla loro minor distanza.

Già questo atto volitivo finalizzato alla fondazione di una città fu considerato come un'operazione divina giacché nelle città-stato di Sumer solo le divinità erano protagoniste del sorgere della città che poi avrebbero governato grazie alla mediazione della classe sacerdotale e del rappresentante della divinità.

Sargon dunque con il suo impegno e la sua volontà mise al centro della storia l'uomo scandalizzando certamente la visione teocratica delle popolazioni Sumeriche.

Dopo aver organizzato un esercito di fedelissimi Sargon conquistò facilmente la città di Kish ma poi attaccò la fortissima città di Uruk demolendo le mura difensive.

Il re Lugalzagesi di Uruk prima di affrontare in campo aperto Sargon cercò alleati nelle altre città-stato di Sumer.

Lo scontro militare fu devastante: Lugalzagesi fu sconfitto, catturato e portato prigioniero nella città santuario di Nippur.

L'odio e la voglia di vendetta di Sargon contro gli alleati di Uruk piegarono tutte le città federate, e in poco tempo Sargon divenne l'unico padrone della Babilonia meridionale.

A partire dunque dal 2370 fino al 2250 a.C. la storia della Mesopotamia e poi, di tutto il Medio Oriente avrà l'impronta di questo grande conquistatore.

L'espansionismo di Sargon con le sue conquiste non si circoscrivono nella sola Mesopotamia meridionale ma riguarderanno sia le regioni orientali che quelle occidentali.

A tale riguardo è opportuno citare un passo del lavoro storiografico a firma dello storico Paolo Matthiae che scrive:

«Alcuni documenti indubbiamente autentici attestano l'estensione del dominio di Sargon sul medio Eufrate (Mari oggi Tell Hariri presso Abu

Kemal) e su larga parte della Siria con il Tauro (montagna d'Argento), l'Amano (foresta di cedri), Ebla e altri importanti centri (Tuttul, Iarmuti) situati a occidente dell'Eufrate. Altre iscrizioni contemporanee documentano la soggezione dei paesi orientali di Elam, Warakhshe e Awan, tutti territori da collocarsi a oriente del Tigri»

Le imprese militari e le conquiste di Sargon sono state raccontate come imprese epiche talvolta favoleggiando.

È stato detto: in un poema di età Cassita intitolato "Il re della battaglia" che Sargon fece spedizioni per proteggere i mercanti dall'oppressione del governatore Nurdaggal della città di Purushkhanda.

Si scrisse persino che Sargon conquistò isole del Mediterraneo e assoggettò le terre dell'Assiria.

LA CRISI DELL'IMPERO AKKADICO
E L'AVVENTO DELLA III DINASTIA DI UR
(*Monarchia neosumerica*)

La sintesi della vita di Sargon con le sue glorie e le sue colpe si legge in una cronaca neobabilonese che così racconta:

«Sargon, re di Akkad apparve nell'era di Ishtar e non ebbe rivale né oppositore. Su tutti i paesi impose il fascino del suo terrore. Incrociò il mare ad Oriente e conquistò la terra di Occidente, per tutta la sua estensione nell'undicesimo anno. Su quelle regioni stabilì un'amministrazione che dipendeva da lui direttamente. Eresse nell'Occidente i suoi steli. I bottini da quelle terre portò via sui vascelli. Fece risiedere i suoi funzionari di corte tutt'attorno a sè su un'area di cinque miglia doppie e mantenne il controllo sulla totalità dei paesi senza eccezioni (....) Poi nella sua vecchiaia tutti i paesi si ribellarono contro di lui e lo assediarono in Akkad: Sargon fece una sortita e li sconfisse, li travolse e annientò il loro immenso esercito. Più tardi Subartu insorse con le sue innumerevoli genti ma dovette cedere alla sua potenza militare. Sargon ridusse alla vita sedentaria quella società di nomadi. I loro beni portò ad Akkad. Prese della terra dai pozzi di fondazione di Babilonia e su di essa costruì un'altra Babilonia vicino alla città di Akkad.

Per il sacrilegio che così egli commise, il grande Signore Marduk si adirò e distrusse il suo popolo con furore; da Oriente ad Occidente allontanò la sua gente da lui e gli impose la sorte tragica di non poter riposare nella sua tomba».

I successori di Sargon registrarono il lungo declino dell'impero Akkadico. I figli Rimush prima e poi il fratello Manishtushu dovettero fronteggiare rivolte di città Sumeriche e di altre popolazioni.

I re Akkadici non solo furono impegnati in queste continue guerre ma ebbero gravi problemi per i contrasti interni con la conseguenza che furono assassinati con una congiura sia Rimush che il fratello Manishtushu. Solo il figlio di Manishtushu ebbe più fortuna. Naramsin infatti domò le città della Mesopotamia meridionale e sedò una ribellione del paese di Magan nel golfo Persico.

A Naramsin si attribuiscono moltissimi successi militari: fu conquistata la Siria settentrionale fino al mare; fu raggiunta la città Anatolica di Telkhatum, furono conquistati territori nella Mesopotamia settentrionale; furono effettuate spedizioni nella zona della valle di Shahrazur le cui genti erano simili ai barbari Gutei attestati nella zona montuosa a sud dello Zab fiume asiatico alle sorgenti del Tigri in territorio Persiano.

Molti altri successi militari ingigantirono la fama di questo re che fu assimilato al nonno Sargon, ma dopo i suoi trentanove anni di regno l'impero akkadico volse al tramonto.

I segnali si ebbero proprio sul finire del regno di Naramsin infatti iniziarono le invasioni dei barbari Gutei interpretate dai contemporanei come la vendetta del dio Marduk per il comportamento sacrilego del sovrano accusato di aver saccheggiato il santissimo tempio Ekur della città di Nippur.

Naramsin in verità aveva già sconfitto gli abitanti dell'Elam e gli Amorrei ed anzi aveva affrontato il re dei Gutei battendolo ma la vittoria fu di breve durata perché i Gutei barbari montanari in territorio persiano, durante il regno di Sharkalisharri (figlio di Naramsin), invasero la Mesopotamia meridionale saccheggiando e uccidendo diffondendo terrore dal territorio Assiro fino alla terra di Sumer con conseguenze disastrose sul piano economico e della salute pubblica a causa di ripetute carestie.

I Gutei non si fusero con le popolazioni locali e lasciarono intatte le loro consuetudini; alcune città come Lagash mantennero una certa autonomia che permise un notevole sviluppo economico grazie ai traffici di prodotti esportati verso l'Occidente .

Le città del Sud come Ur, Uruk ed ovviamente Lagash lentamente rifiorirono e riprese vigore il culto delle religioni che risvegliava l'orgoglio e l'iniziativa economica e politica.

La città di Uruk godeva di un particolare prestigio politico e culturale e costituì un faro di speranza per le popolazioni Sumero-Akkadiche del Sud della Mesopotamia.

Il governatore di Uruk di nome Utukhegal assunse l'iniziativa di aggregare le popolazioni della terra di Sumer interpretando il volere delle divinità quali Inanna, Ishkur, Utu ma soprattutto credette di eseguire un preciso ordine del grande dio Enlil venerato nella città sacra di Nippur.

Utukhegal più volte fu rappresentato nell'arte statuaria giunta fino a noi nella posizione di devoto e pio fedele interprete del volere degli dei di Sumer.

Il governatore di Uruk promotore della guerra di liberazione contro i Gutei barbari invasori divenne inizialmente l'autorità indiscussa di Sumer ma in seguito altri governatori delle città meridionali entrarono con lui in conflitto per il primato sulle terre di Sumer.

La città di Ur era rifiorita e grazie alle attività agricole commerciali e artigianali era divenuta la più ricca e invidiata città di Sumer.

Questa condizione di favore e fortuna favorì l'ambizione del suo governatore Urnammu che nel 2112 a.C. rovesciò il predominio di Uruk e del suo governatore Utukhegal iniziando una politica di ricostruzione fastosa e memorabile che impressionò i contemporanei lasciando tracce nelle letterature e forse nella stessa Bibbia.

Non è da escludere infatti che la torre di Babele citata nel libro della Genesi possa essere il tempio del dio Nanna cioè lo ziqqurat di Urnammu alto più di venti metri. Con quell'imponente edificio il re Urnammu celebrava i suoi fasti e chiaramente il suo potere.

Non a caso il "Signore" della Genesi volle punire l'ambizione del re che nel racconto biblico spinse gli uomini a costruire *"una città e una torre la cui cima tocchi il cielo"* (Genesi 11,4).

LA GLORIA ED IL TRAMONTO
DELLA III DINASTIA DI UR

Il re Urnammu dopo aver sconfitto Utukhegal condusse una politica pacificatrice esercitando il suo potere sulle città di Uruk, Nippur, Larsa, Lagash.

Favorì le attività economiche ed emanò leggi che avevano un'impronta decisamente più umanitaria rispetto al codice di Hammurabi. Il prestigio politico di Urnammu e la sua visione pacificatrice della città di Sumer consentirono il rifiorire dell'area meridionale della Mesopotamia con lo sviluppo di attività economiche e scambi commerciali con le popolazioni settentrionali ed occidentali. Le opere di ingegneria civile con la riedificazione delle mura perimetrale e del tempio di Nanna fecero di Ur la città di maggiore attrazione per le genti di quel periodo storico.

Si comprende sin da ora come mai le tribù seminomadi dei Semiti della stirpe di Abramo si trovassero nelle terre periferiche a ridosso della ricca città di Ur.

I successori di Urnammu e particolarmente Shulgi figlio di Urnammu furono impegnati in guerre ad est del Tigri contro le popolazioni Iraniche. Scontri e spedizioni militari si ebbero, sia sull'alto corso del fiume Eufrate sia nell'area occidentale fino a Biblo nel Mar Mediterraneo.

Sul finire del millennio, al tempo di Shusin prima, poi di Ibbisin, l'impero Neusumerico della III dinastia di Ur era sottoposto a pressioni di popolazioni esterne Iraniche e poi Semitiche Amorrei che fecero tramontare i fasti di Ur.

Con Ibbisin che regnò dal 2028 al 2004 a.C. l'impero Neusumerico si sfaldò.

Dicono gli storici che nonostante le spedizioni coraggiose di Ibbisin contro le genti a est del Tigri e contro Susa in territorio Iranico la crisi dell'impero fu irreversibile sia per i disordini sociali sia per la crisi economica. <u>Si disse che il fattore scatenante della crisi sia stata la massiccia penetrazione dei Semiti Amorrei.</u>

Ci furono rivolte sia nella terra di Sumer che in Akkad e si ritiene che ci siano state le connivenze degli Amorrei che pure si erano abbastanza integrati nelle terre di Sumer.

Il punto più alto della crisi fu la conquista di Ur e la cattura del re Ibbisin. Popolazioni dell'Elam e dell'area Nord-orientale di Susa assediarono Ur, la distrussero portando le ricchezze sottratte nella città di Susa in territorio Persiano.

La distruzione di Ur lasciò nei posteri tracce di stupore, incredulità, sconcerto.

Merita di essere trascritto un componimento poetico composto in epoca posteriore all'evento distruttivo.

«Quel giorno dalla città il turbine buono fu strappato via; la città cadde in rovina

O padre Nanna, la città fu ridotta in rovina; il popolo gemeva

Quel giorno dalla città il vento buono fu strappato via; il popolo gemeva

Il suo popolo, in luogo dei corci; riempì le sue vie.

Squarciate furono le sue mura, il popolo gemeva.

Nelle sue porte maestose dove si usava passeggiare, giacevano dappertutto cadaveri.

Nei suoi viali dove si celebravano le feste essi giacevano stesi…

I suoi Cadaveri si dissolvevano come grasso posto al sole.

I suoi uomini che erano stati feriti con l'ascia non avevano il capo coperto di veli.

Come una gazzella catturata con il gishburru le loro bocche mordevano la sabbia. (....)

Di Ur i deboli e i forti perirono di fame

Madri e padri che non lasciarono le case furono sopraffatti dal fuoco

I piccoli che giacevano in grembo alle madri come pesci furono portati via dalle acque…(...)

Su tutte le sue ricchezze, che erano state accumulate nel paese si avventò una mano impura.

In tutti i suoi magazzini che abbondavano nel paese fu appiccato il fuoco.

Sui suoi canali, Gibil, il purificato compì implacabilmente la sua opera.

L'elevata, intangibile montagna, l'EKISHNUGAL,

la sua giusta dimora è inghiottita da immense asce.

La giusta dimora essi ruppero con l'ascia; il popolo gemeva.

La città essi ridussero in rovina; il popolo gemeva.

La sua signora grida "Ohi la mia città" grida "Ohi la mia dimora".

Ningal grida "Ohi! la mia città" grida "Ohi la mia dimora" …..

O Nanna, Ur è distrutta, il suo popolo è stato disperso....»

....

Il componimento poetico di struggente lamentazione testimonia la ferocia distruttiva dei Persiani Elamiti e della popolazione nord-orientale di Susa che sul finire del secondo millennio a.C., coincidente con il periodo storico chiamato Bronzo Medio, uccisero senza pietà la popolazione civile, abbatterono le mura ed il tempio sacro dimora della divinità tutelare della città, dettero fuoco ai beni e alle case, saccheggiarono immense ricchezze portate poi nella città Persiana di Susa.

La distruzione ed il disfacimento della potenza e del prestigio della Mesopotamia Meridionale e quindi della civiltà Sumero-Akkadica furono le conseguenze delle incursioni e poi della occupazione delle città di Sumer da parte di popolazioni Semitiche Amorree. in conclusione la fine dell'impero Neo-sumerico della III dinastia di Ur fu decretata sia dalle invasioni degli Elamiti che dalle incursioni e invasioni Semitiche.

Nei secoli successivi verrà costituita la I dinastia di Babilonia nell'anno 1894 a. C.

Mentre si assiste allo spostamento del centro gravitazionale del potere politico dal Sud al Centro e al Nord della Mesopotamia i sovrani dell'Area Meridionale *«ebbero a combattere contro gli Amorrei e contro altre popolazioni nomadi affini: tale è il caso perfino Bilalama di Eshnunna»*

Progressivamente le genti semitiche seminomadi, come gli Amorrei ed altre tribù seminomadi come gli Amnanum si integrarono nelle città alle cui periferie si erano attestati

«Gli Amorrei e le altre genti seminomadi gravitanti attorno alle città mesopotamiche vanno, cioè, integrandosi nella società nel periodo di Isin e Larsa» (Paolo Matthiae p.323)

LA PARTENZA DA UR DELLA TRIBÙ
DI TERACH PADRE DI ABRAMO

Si legge nella Genesi:

«Questa è la posterità di Terach: Terach generò Abram, Nacor e Aran: Aran generò Lot. Aran poi morì alla presenza di suo padre Terach nella sua terra natale, in Ur dei Caldei. Abram e Nacor si presero delle mogli; la moglie di Abram si chiamava Sarai e la moglie di Nacor Milca, ch'era figlia di Aran, padre di Milca e padre di Isca. Sarai era sterile e non aveva figli. Poi Terach prese Abram, suo figlio, e Lot, figlio di Aran, figlio cioè del suo figlio, e Sarai sua nuora, moglie di Abram suo figlio, e uscì con loro da Ur dei Caldei per andare nel paese di Canaan. Arrivarono fino a Carran e vi si stabilirono. L'età della vita di Terach fu di duecentocinque anni; Terach morì in Carran». (Genesi 11, 27-32)

Il soggiorno e la partenza da Ur sono raccontati dalla Genesi con poche parole dalle quali tutt'ora possiamo desumere alcune informazioni importanti. La tribù di Terach si trovava nella città di Ur da molti anni se come è stato scritto il figlio Aran era nato in

Ur, aveva spostato e messo al mondo i figli Lot, Milca e Isca infine era morto proprio in Ur alla presenza di suo padre.

Terach decide di partire con i membri della sua tribù alla morte del figlio Aran.

Ora sembra lecito cercare la ragione che avrebbe convinto Terach a partire da Ur dopo che per tantissimi anni quella città era stata la sede scelta da Terach per allestire l'accampamento in tende e soggiornarvi almeno per vent'anni.

La scelta della destinazione finale Canaan al di là della promessa del Signore potrebbe essere stata dettata dalle informazioni di mercanti che viaggiavano con le merci dalle terre di Sumer dirette in occidente compreso l'Egitto.

È ragionevole pensare che quell'uscita sicuramente traumatica da Ur lasciando alle spalle le spoglie del figlio Aran poteva essere giustificata solo dalla furiosa invasione delle genti Elamite e Persiane che invasero Ur e la distrussero travolgendo l'impero Neo-sumerico della III dinastia di Ur.

Il soggiorno pluridecennale della tribù semitica di Terach sicuramente permise di assorbire molti elementi di conoscenza e di tradizioni culturali della civiltà sumero-akkadica.

E' interessante ad esempio, leggere qualche passo dei Cantici biblici e paragonarlo alla seguente composizione poetica sumerica composta in occasione delle nozze sacre per Shusin figlio di Shulgi sovrano di Ur:

«Sposo, diletto del mio cuore

grande è la tua bellezza, dolce come il miele

Leone, diletto del mio cuore

grande è la tua bellezza, dolce come il miele.

Tu mi hai affascinata fammi restare tremante dinnanzi a te.

Leone io vorrei essere condotta da te nella camera delle nozze.

Sposo fa che io ti accarezzi.

Le mie carezze sono sapienti, più gustose del miele.

Nella camera, ricolma di miele, godiamo della tua splendida bellezza…»

Questo canto d'amore fu scritto dal poeta Sumerico intorno agli anni 2039 a.C. mentre il Cantico dei Cantici della Bibbia è produzione poetica di molti secoli successivi.

Si legge dunque nel Cantico dei Cantici:

«Mi sono addormentata, ma veglia il mio cuore.

Un rumore! La voce del mio amato che bussa:

«Aprimi, sorella mia,

mia amica, mia colomba, mio tutto;

perché il mio capo è madido di rugiada,

i miei riccioli di gocce notturne».

«Mi sono tolta la veste;

come indossarla di nuovo?

Mi sono lavata i piedi;

come sporcarli di ancora?».

L'amato mio ha introdotto la mano nello spiraglio

e le mie viscere fremettero per lui.

Mi sono alzata per aprire al mio amato

e le mie mani stillavano mirra;

fluiva mirra dalle mie dita

sulla maniglia del chiavistello.

Ho aperto allora all'amato mio,

ma l'amato mio se n'era andato, era scomparso.

Io venni meno, per la sua scomparsa;

l'ho cercato, ma non l'ho trovato,

l'ho chiamato, ma non mi ha risposto.»

(Cantico dei Cantici 5,2-6)

Non è da escludere che molte analogie sono riscontrabili persino nella concezione religiosa dei discendenti di Terach nella quale si ritrovano elementi dei culti Sumerici e forse Akkadici.

<u>Il politeismo dei Sumeri è rintracciabile infatti nel racconto dell'inseguimento di Labano sul fuggitivo Giacobbe figlio di Isacco.</u>

«Disse allora Làbano a Giacobbe: «Che hai fatto? Hai eluso la mia attenzione e hai condotto via le mie figlie come prigioniere di guerra!

Perché sei fuggito di nascosto, mi hai ingannato e non mi hai avvertito?(…)

Certo, sei partito perché soffrivi di nostalgia per la casa di tuo padre; ma perché mi hai rubato i miei dei?». (…)

Ma quanto a colui presso il quale tu troverai i tuoi dei, non resterà in vita! (…)

Giacobbe non sapeva che li aveva rubati Rachele. (…)

Allora Làbano entrò nella tenda di Giacobbe e poi nella tenda di Lia e nella tenda delle due schiave, ma non trovò nulla. Poi uscì dalla tenda di Lia ed entrò nella tenda di Rachele.

Rachele aveva preso gli idoli e li aveva messi nella sella del cammello, poi vi si era seduta sopra, così Làbano *frugò in tutta la tenda, ma non li trovò.*» (Genesi 31, 26-34)

Non appaia inconsueto o eccezionale che i patriarchi di questa saga familiare Semitica abbiano una assidua frequentazione con Dio di volta in volta consigliere o mandante di azioni a beneficio di tutta la comunità seminomade. Nella città di Sumer le divinità erano le vere titolari del potere politico ed economico; erano poi i re gli esecutori delle decisioni divine e dunque gli interpreti di potenze divine che avevano fondato le città e ne decretavano i destini.

Al di sopra delle tante divinità si ergeva la figura preminente di El dio supremo Semitico o Enlil presso i Sumeri.

La tribù patriarcale di Terach risentì probabilmente della influenza della religiosità Akkadica a partire dal fondatore Sargon. La religiosità del periodo Akkadico a differenza di quella Sumerica si caratterizzava per i culti di divinità astrali mentre quella Sumerica privilegiava culti ctoni (terrestri).

Occorre ricordare infatti che i Semiti erano prevalentemente nomadi e dunque affidavano il loro destino agli spazi astrali; i Sumeri viceversa si affidavano alla protezione di forze terrestri per i loro lavori dei capi e la canalizzazione delle acque dell'Eufrate e del Tigri da cui dipendeva tutta la loro ricchezza.

Lasciando alle spalle le rovine di Ur con i tanti morti, Terach con la sua carovana di carri trainati da asini partì per il lungo viaggio risalendo la corrente del fiume Eufrate e attraversando in senso longitudinale la Mesopotamia arrivò nella città di Carran nell'alto corso del fiume.

Dicono gli studiosi che nel secondo millennio a.C. Ur aveva legami religiosi e commerciali con la città di Carran. Era inevitabile che la tribù di Terach si dirigesse verso nord perché con il crollo dell'impero e del prestigio di Ur e delle città di Sumer la ricchezza si concentrò nelle aree centro settentrionali: Assur ha il monopolio dei traffici con l'Anatolia centrale. La città di Mari collocata nel medio Eufrate controlla i commerci della Mesopotamia con l'occidente.

La città di Ebla in Siria, controlla il traffico commerciale che dall'area dell'alto Eufrate si dirige verso il Mediterraneo. Qatna, sita nella Siria centrale, controlla i traffici che si dirigono verso il

Mediterraneo partendo dall'area meridionale ed anche i traffici diretti nell'alta Galilea.

Centri importanti del litorale del mediterraneo sono sotto il controllo della XII dinastia Egiziana.

La fiorente economia di scambio commerciale stimola fortemente la costituzione di insediamenti urbani con la costruzione di alte mura difensive.

È stato dimostrato dagli Storici che in questa fase del "Bronzo Medio" si stava diffondendo il fenomeno del seminomadismo di gruppi di popolazioni semitiche occidentali dedite <u>non solo alla pastorizia ma anche al banditismo.</u>

Tale fenomeno era particolarmente diffuso in tutta l'area Siriana e nella zona nord della Mesopotamia.

Nel suo saggio sulle civiltà del Vicino Oriente lo storico Paolo Matthiae scrive:

«*Questo fenomeno del Seminomadismo del Bronzo Medio <u>che fornisce il quadro storico entro cui collocare le vicende delle peregrinazioni tramandate dalla tradizione biblica riguardo ai Patriarchi, costituì un incentivo alla fortificazione, consueta in questo periodo</u> dei centri anche minori, la cui tutela contro eventuali improvvisi e imprevedibili colpi di mano dei gruppi seminomadi non poteva che essere affidata alla presenza di un ostacolo* *fisico permanente come le cinte murarie facilmente difendibili per la breve estensione del circuito, nell'assenza di eserciti stabili»* (P.175)

Queste informazioni storiche ci fanno ben comprendere le ragioni del fastidio e della condanna delle costruzioni di città come vengono espresse nella Genesi:

«Il Signore li disperse di là su tutta la terra ed essi cessarono di costruire la città». (Genesi 11,8)

La partenza della tribù di Terach da Ur sicuramente era stata sollecitata dagli eventi drammatici delle invasioni di popolazioni Amorree e poi soprattutto dalle devastazioni e saccheggi di popolazioni Persiane come gli Elamiti, Terach e Abramo sapevano inoltre che esisteva un territorio felice per la fertilità delle terre irrigue e l'amenità del clima per la vicinanza al Mar Mediterraneo e avrebbero voluto dirigersi in quell'area geografica.

Si stava diffondendo tra le tribù seminomadi dei Semiti il racconto quasi favolistico di un esule egiziano in terra Asiatica, un certo Sinuhe che raccontava nelle tende dei carovanieri delle tribù semitiche la sua vita avventurosa che lo portò dall'Egitto alla Mesopotamia.

Sinuhe dunque, parlò di un suo lungo soggiorno in Palestina: «*Egli (il signore del paese che lo ospitava) mi pose davanti ai suoi figli e mi diede in sposa la sua figlia maggiore.*

Mi fece scegliere qualcosa del suo paese, il meglio di ciò che possedeva sul confine che lo separava da un altro paese. Era una terra eccellente che aveva nome Iaa (Palestina di oggi): produceva fichi e uva; il vino vi era più abbondante dell'acqua; aveva molto miele e olio d'oliva in gran quantità; frutti d'ogni tipo erano sui suoi alberi. Inoltre, vi era orzo e frumento; innumerevoli erano le greggi d'ogni specie. Grandi privilegi derivavano dall'affetto che mi si mostrava. Egli mi fece capo di una tribù, tra le migliori del suo paese. Mi vennero assegnate razioni alimentari, consistenti in bevande fermentate e vino ogni giorno, come pure carne bollita, cacciagione arrostita, senza contare i piccoli animali del deserto, perché si catturava per me selvaggina alla rete e la si poneva davanti a me, qualunque cosa avessero riportato i miei cani da caccia. Mi si fornivano anche dolci in gran numero: latte era in tutto ciò che si cuoceva per me» (Paolo Matthiae, "La Culla della civiltà", Edizioni La Biblioteca di Repubblica P.178)

Il trasferimento carovaniero non riguardò sicuramente la sola tribù di Terach, il benessere e lo sviluppo dei commerci di città fondate nell'area nord della Mesopotamia e della Siria furono poli di attrazione per le tantissime tribù carovaniere semitiche le quali come già detto erano motivo di apprensione per le piccole città a causa delle incursioni di natura banditesca tanto che gli abitanti costruirono alte mura, terrapieni e fossati nelle città di Ebla, Qatna, Karkemish ed altre.

Terach pose l'accampamento a Carran non lontano da Karkemish.

È ignoto il motivo per il quale il padre di Abramo diretto nelle terre di Canaan abbia voluto fermarsi a Carran nell'alto Eufrate.

Si legge nella Genesi che Terach visse duecentocinque anni.

ABRAMO PROSEGUE IL VIAGGIO
VERSO CANAAN

«Il Signore disse ad Abram:
«Vàttene dal tuo paese, dalla tua patria
e dalla casa di tuo padre,
verso il paese che io ti indicherò.
Farò di te un grande popolo
e ti benedirò,
renderò grande il tuo nome
e diventerai una benedizione.
Benedirò coloro che ti benediranno
e coloro che ti malediranno maledirò
e in te si diranno benedette
tutte le famiglie della terra».
Allora Abram partì, come gli aveva ordinato il Signore, e
con lui partì Lot.»
(Genesi 12,1-4)

Secondo la concezione politico - religiosa dei Sumeri i protagonisti delle attività umane con le loro decisioni politiche o iniziative culturali o legislative o architettoniche sono gli dei delle città mentre i re sono esecutori.

Si riportano alcuni documenti.

Il governatore di Uruk che poi divenne re sia della città di Uruk che di Ur di nome Enshakushanna figlio di Elulu di Ur dichiarò guerra al re della città di Kish quando gli dei glielo ordinarono come si legge nella seguente iscrizione originale.

«Enshakushanna, ensi di Sumer, re del paese, quando gli dei glielo ebbero ordinato, fece guerra a Kish e prese prigioniero Enbishtar, re di Kish...» (p.244)

Ci sono divinità personali di re e governatori che potrebbero intervenire per fare giustizia e vendicare offese subite come è il caso della dea personale del governatore Lugalzagesi Ensi di Umma.

La dea Nidaba è invocata da Urukagina della città di Lagash che ha subito danni e distruzioni a causa delle azioni nefaste di Lugalzagesi il quale *«ha rapinato i suoi metalli preziosi e i lapislazzulì (....) ha distrutto i mattoni di Lagash, ha commesso peccato contro Ningirsu, questi amputerà le mani che si sono levate contro di lui ...»* (p.268)

Gli dei ordinano anche la ricostruzione della città come sarà il caso dei re di Larsa dopo che Ur fu distrutta per le invasioni dei Persiani e degli Amorrei.

In particolare Waradsin, re di Larsa, fece scrivere la seguente documentazione epigrafica: «*Nanna, il signore che rende perfetti i poteri del cielo e della terra, in conseguenza della mia devozione mi affidò la missione di rinnovare l'Etemenniguru, di scoprire le fondazioni del tempio Ebabbar, di costruire le città degli dèi del paese, di erigere di nuovo le cinte crollate, di esaltarne fino al sommo gli antichi ordinamenti, di restaurarne i riti di purificazione abrogati...*» (pp.178-179)

<u>Anche Abramo dunque, continuando questa consuetudine religiosa dei Sumeri, riceve un ordine dal suo dio.</u>

Il Signore gli ordina di partire da Carran e proseguire il viaggio verso la Palestina abitata dai Cananei.

«*Abram aveva settantacinque anni quando lasciò Carran. Abram dunque prese la moglie Sarai, e Lot, figlio di suo fratello, e tutti i beni che avevano acquistati in Carran e tutte le persone che lì si erano procurate e si incamminarono verso il paese di Canaan. Arrivarono al paese di Canaan*» (Genesi 12,4-5)

A Carran rimarrà il fratello Nacor e gli altri membri della tribù.

In quella città molto probabilmente tutti fecero fortuna avendo trovato molte opportunità di arricchimento. Lo stesso Abram, come si legge nel passo della Genesi, aveva potuto assicurarsi svariati beni, anzi aveva avuto le risorse per procurarsi collaboratori (forse schiavi) che poi proseguirono con lui il viaggio verso la terra di Canaan.

Il movimento carovaniero dei Semiti seminomadi era visto con preoccupazione dagli abitanti stabili degli insediamenti urbani che erano fioriti in tutte le aree geografiche dell'Asia anteriore.

Si legge nel saggio dello storico Matthiae: «*In tutte le aree geografiche dell'Asia anteriore due fattori devono aver decisamente influito sulla conformazione territoriale: l'esperienza della consistenza e della pericolosità dei gruppi seminomadi e la coscienza della precarietà degli equilibri politici. Come documenta ampiamente la corrispondenza di Mari, gruppi seminomadi contribuiscono in questo periodo in maniera decisiva, con la loro instabilità a un tempo di sedi e di umori, a determinare la fisionomia dei territori cittadini, trattenendosi apparentemente a lungo entro i limiti stessi dei distretti sotto il controllo diretto delle città, variamente contribuendo a sostenere la stessa vita organizzata sedentaria, costituendo corpi militari a loro servizio, ovvero, ma più raramente, ponendo in pericolo la loro esistenza con improvvise aggressioni».* (Paolo Matthiae, "La Culla della civiltà", Edizioni La Biblioteca di Repubblica P.195)

Dunque i Semiti seminomadi erano particolarmente diffusi ed erano nello stesso tempo temuti per le incursioni nelle cittadine e spesso utilizzati come esercito o meglio corpi militari nelle situazioni conflittuali nelle quali spesso si trovavano i diversi insediamenti urbani nell'Asia Minore e particolarmente in area Palestinese.

Potrebbe essere illuminante il capitolo 14^ della Genesi dedicato alla "Campagna dei quattro re": *«Gli invasori (delle città di Sodoma e Gomorra) presero tutti i beni di Sodoma e Gomorra e tutti i loro viveri e se ne andarono. Andandosene catturarono anche Lot, figlio del fratello di Abram, e i suoi beni: egli risiedeva appunto in Sodoma.*

Ma un fuggiasco venne ad avvertire Abram l'Ebreo che si trovava alle Querce di Mamre l'Amorreo, fratello di Escol e fratello di Aner i quali erano alleati di Abram. Quando Abram seppe che il suo parente era stato preso prigioniero, organizzò i suoi uomini esperti nelle armi, schiavi nati nella sua casa, in numero di trecentodiciotto, e si diede all'inseguimento fino a Dan. Piombò sopra di essi di notte, lui con i suoi servi, li sconfisse e proseguì l'inseguimento fino a Coba, a settentrione di Damasco. Ricuperò così tutta la roba e anche Lot suo parente, i suoi beni, con le donne e il popolo» (Genesi 14,11-16).

Il racconto conferma in qualche modo la tesi degli storici. Anche Abramo dunque poteva mettere disposizione le sue milizie anche a favore di governatori delle piccole cittadine della Palestina.

Abramo decide di trasferirsi in terra palestinese non solo perché attratto dalla fertilità delle terre ma soprattutto per approfittare della situazione di crisi delle città palestinesi e sperare di occupare una parte di quelle terre prive di sicura guida politica. La Palestina in quel periodo era attraversata da moltissime tribù di Semiti seminomadi.

La cultura urbana fiorente nel terzo millennio nell'area Siro-Palestinese sul finire di quel millennio entrò in crisi per un complesso di elementi di instabilità: «Gran parte dell'area palestinese vede scomparire gli insediamenti, mentre emergono indizi di un'intensificata

frequentazione di carovane di nomadi allevatori di greggi di ovini nelle antiche aree urbane, probabilmente per la nota presenza di fonti d'acqua.» (p.195)

La crisi della cultura urbana e l'impoverimento delle città della Palestina potrebbero essere state causate dalla crescente pressione dei Semiti Amorrei inizialmente nomadi e poi integrati nella cultura originaria del territorio.

Ma la crisi della Palestina era anche legata alle vicende dell'Egitto il quale attraversava la crisi drammatica che durò dal 2230 al 1990 a.C.

Echi di questa crisi Egiziana ci sono giunti in un testo letterario drammatico cioè nelle "Lamentazioni di Ipuwer" nelle quali si descrive la tragedia di un paese invaso da tribù straniere. È il periodo storico chiamato <u>Primo Periodo Intermedio</u> che giunge fino alla X dinastia. In questo periodo nel territorio del Delta del Nilo ci sono infiltrazioni di beduini e dovunque ci sono rivolgimenti sociali con depredazioni e miseria.

Nel testo letterario di Ipu – Ver cioè (Ipu il principe) si legge tra l'altro:

«Davvero il deserto è nel paese/ i Nômi sono distrutti/ tribù straniere sono venute in Egitto da fuori/ Davvero, si arriva da ogni paese straniero e non ci sono più egiziani in

alcun luogo/ Davvero, il Nilo trabocca, ma non c'è chi ari per lui:/ ognuno dice: "Non sappiamo che cosa avverrà nel paese"/Davvero, le donne sono sterili e non divengono incinte:/ Khnum non crea più uomini a causa delle condizioni del paese»

«Davvero, i cuori sono violenti, la peste è nel paese, sangue è ovunque:/ non manca la morte: la benda da mummia parla, e non ci si avvicina a essa»

Il quadro raccontato e descritto è sempre più fosco e l'autore Ipu – ur individua la causa principale della situazione. <u>Il faraone è troppo debole e non sa usare la violenza per reprimere e respingere i ribelli e gli invasori.</u>

In un altro testo letterario intitolato "L'Insegnamento per Merikara" (un re della X dinastia) si legge: «*Il vile asiatico, è inospitale il luogo dove abita: povero d'acqua, impraticabile per gli alberi fitti, con strade cattive a causa dei monti. Non abita in un sol posto, ma camminano e vagano i suoi piedi. Combatte fin dal tempo di Horo, ma non vince e non è vinto... L'odio degli asiatici sarà in Egitto: non te ne dar pensiero. L'asiatico è un coccodrillo sulla sua riva: assalta una strada deserta, non conquista un territorio di città popolate*» (p.626)

La crisi di sommovimenti sociali e politici riguarda anche i centri nord-siriani.

In conclusione, negli anni iniziali del secondo millennio a. C. si registrano contemporaneamente crisi delle monarchie neosumerica in Mesopotamia, crisi devastanti in Egitto particolarmente nel territorio del Delta; crisi e distruzioni accanite nei centri urbani Nord-Siriani e Palestinesi.

ABRAMO ARRIVA IN PALESTINA
NELLA TERRA DI CANAAN

«Arrivarono al paese di Canaan e Abram attraversò il paese fino alla località di Sichem presso la Quercia di Mamre. Nel paese allora si trovavano i Cananei» (Genesi 12,6)

Nel capitolo 14 della Genesi paragrafo 13 si dice che "Abram l'Ebreo si trovava alle Querce di Mamre l'Amorreo, fratello di Escol e fratello di Aner i quali erano alleati di Abram"

Abramo troverà in Palestina diverse popolazioni non solo di origine Semitica ma si alleerà proprio con i Semiti Amorrei.

Che cosa era accaduto nell'area palestinese se si sono registrate vistose regressioni della cultura urbana già fiorente nei secoli precedenti alla migrazione dei seminomadi della tribù di Abramo?

Nel periodo storico chiamato Bronzo Antico del 2850 a.C. fino al 2150 a.C. nella regione Palestinese si erano formati centri urbani di notevole diffusione nell'area settentrionale e nella riva est del Giordano. Questa diffusione è stata attribuita al fenomeno migratorio di provenienza Nord-Siriana. Molto probabilmente non è avvenuta l'integrazione con le popolazioni autoctone. Si ebbe dunque una tipologia economica e territoriale caratterizzata da una convivenza anche dialettica tra l'economia agricola e pastorale delle periferie dei centri urbani e l'organizzazione artigianale e commerciale florida all'interno delle cittadine fortificate e difese da avvallamenti, mura e terrapieni.

I migranti seminomadi rimanevano per lo più emarginati e talvolta temuti.

Per quanto riguarda il complesso fenomeno della regressione della cultura urbana in Palestina lo storico scrive: «*Il regresso della cultura urbana intorno al 2150 a.C. deve essere stato provocato da un rovesciamento del precario equilibrio tra livelli agricoli seminomadi e urbani di vita, mai integratisi nel corso del III millennio in Palestina e probabilmente entrati in una fase di contrasto sociale più critico in conseguenza di importanti lavori di ristrutturazione degli insediamenti fortificati, attestati archeologicamente in diversi centri secondo schemi di pianificazione che possono aver utilizzato ampiamente lavoratori coatti. In effetti, intorno al 2150 a.C. nell'area Palestinese si determina un generale collasso della cultura urbana; gli insediamenti fortificati sono abbandonati e i nuovi centri sono villaggi assai modesti. La crisi delle città si risolve in un incremento della vita seminomadica, con una radicale alterazione della fisionomia territoriale.»* (Paolo Matthiae, Culla della civiltà pp.191-192)

La crisi della cultura urbana in Palestina si accentua intorno al 2000 a.C. in quell'età particolare indicata dagli studiosi come l'età delle dinastie semitiche occidentali. In <u>quel periodo si accentuano i fenomeni di seminomadismo semitico in area Palestinese mentre fioriscono insediamenti urbani nell'Area Assira e nella regione nord-Mesopotamica.</u>

Questo fenomeno di sviluppo demografico e urbano è connesso certamente agli intensi traffici anatolici sulla cosiddetta via Assira per le merci prevalentemente Mesopotamiche.

Sull'importanza del fenomeno migratorio di Semiti seminomadi in tutte le aree geografiche dell'Asia Anteriore esiste una notevole quantità di documenti storici nella corrispondenza di Mari. Il fenomeno migratorio influì notevolmente sulla vita e sulle conformazioni urbane perché i gruppi seminomadi « *con la loro instabilità a un tempo di sedi e di umori, contribuirono a determinare la fisionomia dei territori cittadini, trattenendosi poi a lungo entro i limiti stessi dei distretti sotto il controllo diretto delle, città variamente contribuirono a sostenere la stessa vita organizzata sedentaria, costituendo corpi militari a loro servizio, ovvero, ma più raramente, ponendo in pericolo la loro esistenza con improvvise aggressioni».* (Paolo Matthiae, "La Culla della civiltà", Edizioni La Biblioteca di Repubblica P.195)

Per questo clima di incertezze e di paura le fattorie agricole non erano estese e non prevedevano edificazioni di una solida robustezza in quanto la vita organizzata si concentrava nelle piccole sedi cittadine debitamente protette da mura o terrapieni e avvallamenti.

Agli inizi del II millennio nella fase storica del Bronzo Medio si accentuò il gravissimo fenomeno della crisi della cultura urbana della Palestina che si era manifestato in tutta la sua gravità nei secoli precedenti. <u>L'area palestinese dunque appare come un vasto territorio in abbandono con le città spopolate a testimonianza degli scontri, delle crisi e delle alterne vicende che hanno interessato sia le</u>

popolazioni egiziane che quelle asiatiche sia quelle costiere anche di provenienza mediterranea.

Secondo lo storico Matthiae «*nella nuova configurazione territoriale palestinese, un ruolo determinante deve essere stato giuocato dai gruppi, in parte nomadi in parte sedentari, delle popolazioni amorree attestate alla periferia delle città e praticamente escluse dalla vita urbana, le quali facilmente potevano essere attratte dagli ideali di vita nomadica*». (p.196)

Non furono solamente i Semiti Amorrei protagonisti dello sconquasso territoriale e urbano della Palestina perché in quel periodo storico anche l'Egitto che occupava parte del territorio palestinese soprattutto costiero e che aveva interessi economici e strategici fino a Biblo, attraversava un lungo periodo di crisi che si colloca tra il 2230 a.C. al 1990 a.C.

Come già è stato detto esistono anche le testimonianze letterarie di Ipu il pricipe (Ipuwe) a dimostrazione della decadenza politica e militare dell'Egitto «*Davvero, il figlio di un nobile non lo si riconosce:/ il figlio della sua padrona è divenuto il figlio della sua serva. / Davvero, il deserto è nel paese, i Nômi sono distrutti: / tribù straniere sono venute in Egitto da fuori. / Davvero, si arriva da ogni paese straniero, / e non ci sono più Egiziani in alcun luogo. / Davvero, oro e lapislazzuli, argento e malachite, / cornalina e bronzo… sono appesi al collo delle, schiave.»* (pp.196-197)

Per questi fenomeni di contrasti, di invasioni, di incertezze e di paura la Palestina divenne territorio di abbandoni e successive e continue <u>scorribande e occupazioni provvisorie sempre e comunque appetibile per le fonti di acqua presenti nelle aree sulle quali ci furono gli insediamenti urbani di ridotte dimensioni</u>. Giustamente dunque lo storico Matthiae «*Gran parte dell'area palestinese vede scomparire gli insediamenti, mentre emergono indizi di un'intensificata frequentazione di carovane di nomadi allevatori di greggi di ovini nelle antiche aree urbane, probabilmente per la nota presenza di fonti d'acqua.*» (p.195)

<u>Abramo giungerà in Palestina con l'ambizione di appropriarsi di terre abbandonate seguendo o imitando le tante altre carovane di Semiti seminomadi e in particolar modo gli Amorrei.</u> Al capitolo 14 della Genesi infatti si dice che Abramo l'Ebreo *"si trovava alle Querce di Mamre l'Amorreo"* (Genesi 14,13). Si sottolinea dunque che gli Amorrei avevano occupato quelle terre.

Il desiderio di conquista di Abramo era fortissimo tanto da credere che <u>Dio stesso lo avrebbe aiutato per mettere radici territoriali proprio in quel territorio Cananeo</u>.

«Alla tua discendenza io do questo paese dal fiume d'Egitto al grande fiume, il fiume Eufrate» (Genesi 15,18)

Per essere più precisi questo territorio era già abitato da altre popolazioni probabilmente anche loro invasori *«Il paese dove abitano i Keniti, i Kenizziti i Kadmoniti, gli Hittiti, i Perizziti, i Refaim, gli Amorrei, i Cananei, i Gergesi, gli Evei e i Gabusei»* (Genesi 15,19).

<u>È palese dunque il piano di conquista che fin dagli inizi Abramo aveva disegnato per se e per i suoi discendenti</u>.

IL BREVE SOGGIORNO NEI PRESSI DI SICHEM E IL TRASFERIMENTO NEL DELTA DEL NILO

Quando Abramo giunse nei pressi della cittadella di Sichem trovò una qualche ostilità presso i Cananei e d'altra parte l'ospitalità che ricevette presso le Querce di Mamre l'Amorreo non sarebbe stata a lungo ben vista: è certo però che Abramo ancora una volta si rivolse al Signore per ricevere l'incoraggiamento a <u>coltivare la speranza che proprio a Sichem la sua tribù avrebbe potuto costituire un nucleo stabile per l'occupazione di future terre Palestinesi e non solo!</u>

Nutrendo questa speranza e confortato dalla apparizione del Signore che lo rassicurava sui prossimi successi e conquiste territoriali (Genesi 12,7) Abramo a Sichem eresse un primo altare per ringraziare il Signore e lasciare un segno visibile della sua prima conquista: «*Allora Abram costruì in quel posto un altare al Signore che gli era apparso*». (Genesi 12,7)

La permanenza a Sichem non doveva essere di lunga durata e dunque Abramo decise di dirigersi verso le montagne a oriente di Betel e lì allestì l'accampamento con i tendaggi e gli stazzi per alloggiare gli animali al seguito. Quell'area montana era situata tra Betel ad occidente ed Ai situata ad oriente.

Il libro della Genesi non chiarisce i motivi per i quali Abramo dovrà ancora una volta togliere l'accampamento e dirigersi in territori meno ospitali dal punto di vista geografico fissando l'accampamento in zone semidesertiche del Negheb.

Inevitabilmente il soggiorno forzato in area quasi desertica del Negheb sarebbe stato fonte di sofferenze e di incertezze per la sopravvivenza del bestiame a causa della penuria di acqua e di foraggio era necessario dunque cercare nuovi territori più ospitali: la vicinanza all'Egitto costituiva il costante miraggio per uscire dal tunnel della lunga crisi della carestia che non lasciava spazio a nessun altro progetto di sopravvivenza.

«Venne una carestia nel paese (nella zona del Negheb) e Abram scese in Egitto per soggiornarvi, perché la carestia gravava sul paese». (Genesi 12,10)

Il periodo di crisi che da molto tempo stava vivendo l'Egitto con la conseguenza della perdita di autorevolezza dei governanti aveva favorito una progressiva infiltrazione di elementi Asiatici soprattutto nel territorio fertile del delta del Nilo. L'elemento etnico prevalente era sicuramente rappresentato dai nomadi beduini del deserto, fenomeno questo tanto pervasivo da indurre un faraone della X dinastia a far redigere un testo letterario come testamento politico e spirituale a beneficio del figlio chiamato Merikara. <u>Nel documento si apprende che il faraone aveva iniziato a colonizzare il Delta del Nilo, stava combattendo contro i nomadi beduini che si erano stanziati nella zona orientale del Delta, aveva intrapreso un'attività diplomatica e offensiva contro i più pericolosi principi di Tebe che erano in contrasto costante con la casa del faraone regnante.</u>

Con queste parole il faraone descrive i nomadi beduini a beneficio del figlio Merikara: «*Il vile asiatico, è inospitale il luogo dove abita: povero d'acqua, impraticabile per gli alberi fitti, con strade cattive a causa dei monti. Non abita in un sol posto, ma camminano e vagano i suoi piedi. Combatte fin dal tempo di Horo, ma non vince e non è vinto.., L'odio degli asiatici sarà in Egitto: non te ne dar pensiero. L'asiatico è un coccodrillo sulla sua riva: assalta una strada deserta, non conquista un territorio di città popolate»* (p.626)

Il periodo di anarchia diffusa con la creazione di tanti statarelli feudali governati dai cosiddetti monarchi si concluse sul finire del II millennio a.C. quando i sovrani della XI dinastia riorganizzarono l'Egitto dopo lunghe lotte contro i Monarchi provinciali.

L'Egitto ebbe però il vero periodo di floridezza con i sovrani della XII dinastia grazie alle iniziative illuminate di Amenomete I e di suo figlio Sesostri I che contrapposero opere di bonifica del grandissimo bacino del Fayum sul delta del Nilo. Le opere di bonifica con le intelligenti canalizzazioni consentirono di mettere a disposizione dell'agricoltura migliaia di ettari di terreno arricchendo la popolazione e <u>favorendo la ripresa militare e commerciale dell'Egitto verso i paesi Asiatici.</u> Con i faraoni della XII dinastia il potere politico si concentra proprio sul Delta del Nilo <u>perché i faraoni fissarono la loro dimora proprio nel Fayum</u> lasciando però formalmente la capitale nella città di Tebe nell'Alto Egitto.

Questo fervore di ricostruzione e di ristrutturazione amministrativa dell'Egitto accrebbe il prestigio dei regnanti della XII dinastia la cui fama e poi potenza militare e commerciale si diffusero in tutta la fascia asiatica non solo costiera ma anche Nord-Siriana e Mesopotamica. La ripresa del benessere e delle fortune dell'Egitto era stata oggetto di profezia di Neferty che in piena crisi e sfacelo così confortava il popolo: «*Un re verrà dall'alto Egitto, Ameni sarà il suo nome. / Sarà figlio di una donna di Taseti, un rampollo dell'Alto Egitto…, /Siate lieti, o gente del suo tempo! / La giustizia tornerà al suo posto, l'ingiustizia sarà scacciata, / Sia lieto colui che vedrà e che sarà al seguito del re!*» (p.628)

In effetti la politica di bonifica del vasto bacino del Fayum situato a 200 Km a sud del Cairo odierno si rivelò un ottimo disegno che fece moltiplicare il lavoro e offrire benessere alla popolazione.

L'impulso allo sviluppo economico, culturale e commerciale fu rafforzato proprio <u>dal trasferimento della sede del faraone stesso che da Tebe dell'Alto Egitto si stabilì nel Basso Egitto</u> sul versante orientale del Delta nel quale fece edificare una città Itheti – Tenui cioè la dominatrice delle due terre (l'Alto e Basso Egitto).

In conclusione, Amenomete I intorno al 1980 a.C. dette inizio alle opere di bonifica. Negli anni successivi quando la fama ed il prestigio del faraone e di suo figlio Sesostri si erano diffusi in tutta l'area Mediorientale dell'Asia Abramo decise di giocare la carta della migrazione verso l'Egitto sperando di superare i drammatici problemi della carestia che stava colpendo le terre aride e montuose del Negheb dove aveva collocato il suo accampamento provvisorio passando da un sito ad un altro della terra di Canaan, malvisto e mal sopportato dalle diverse genti che abitavano i territori ad occidente del fiume Giordano fino al territorio desertico del Negheb.

Il libro della Genesi non racconta le circostanze in cui si trovò Abramo quando giunse alla frontiera con l'Egitto: si precisa solamente che questo ingresso avrebbe comportato un grave rischio per la sua vita qualora avesse dichiarato alle guardie di frontiera che Sarai era sua moglie.

«Quando gli Egiziani ti vedranno, penseranno: Costei è sua moglie e mi uccideranno mentre lasceranno te in vita» (Genesi 12,12).

Questa preoccupazione di Abramo sembra incomprensibile come se agli uomini sposati fosse preclusa la possibilità di recarsi nell'Egitto di quel tempo accogliendo viceversa solamente le donne. Forse la spiegazione sarebbe più complessa e meno nobile con una duplice ipotesi interpretativa.

La prima ipotesi potrebbe essere la seguente: Sarai è molto bella e dunque potrebbe essere donata al faraone in cambio di qualche favore. Le guardie di frontiera potrebbero rapirla e condurla al faraone e meritare qualche beneficio ma si dovrebbe eliminare l'ostacolo posto dal marito cioè Abramo. Secondo questa ipotesi Abramo sicuramente avrebbe motivo di temere per la sua incolumità.

<u>Si potrebbe però pensare una seconda ipotesi ancora meno nobile cioè: Abramo sa che la moglie è bella e donandola al faraone potrebbe ricevere molti benefici</u> però non dovrebbe far sapere che è sua moglie per non turbare la sensibilità del faraone stesso.

Questa seconda ipotesi, pur nella sua meschinità morale, è quella che forse spinse Abramo a chiedere alla moglie di non rivelare il legame di coniugio «*Dì dunque che tu sei mia sorella, perché io sia trattato bene per causa tua e io viva per riguardo a te*» (Genesi 12,13).

Abramo usa dunque il calcolo immorale per trarre a suo vantaggio i tanti benefici che gli sarebbero derivati da questa squallida operazione di favore affettivo-relazionale- sessuale mettendo a disposizione sua moglie!

Non è detto nella Genesi quale fosse l'orientamento e la volontà di Sarai ma è certo che la donna accettò la proposta del marito perché sicuramente fu condotta dagli ufficiali Egiziani al cospetto del faraone che di buon grado accettò il dono in cambio del quale dette ad Abramo «*greggi e armenti e asini, schiavi e schiave, asine e cammelli*» (Genesi 12,16).

Questa notevole liberalità del faraone nei riguardi di Abramo lasciò intendere che il fascino di Sarai era sicuramente eccezionale.

Purtroppo per Abramo il Signore, con il quale aveva peraltro ottimi rapporti, non gradì questo calcolo immorale e intervenne con una grave punizione. Si potrebbe contestare che il soggetto punito era (cioè il faraone) innocente infatti il faraone era all'oscuro di tutta la trama e ciò nonostante il

Signore «*colpì il faraone e la sua casa con grandi piaghe per il fatto di Sarai moglie di Abramo*» (Genesi 12,17).

Lo sfortunato faraone si rivolse invece al vero colpevole cioè all'immorale Abramo al quale disse: «*Che mi hai fatto? Perché non mi hai dichiarato che era tua moglie? Perché hai detto: È mia sorella, così che io me la sono presa in moglie?*» Evidentemente la collera del Signore dipendeva da due fattori: il primo era la condanna della bigamia di Sarai; il secondo, la condanna dell'azione immorale dell'uso strumentale della donna per il quale reato si puniva l'utilizzatore finale cioè il faraone ma non il corruttore Abramo che a suo vantaggio aveva la simpatia del Signore, giudice purtroppo non imparziale! Nonostante la collera e l'indignazione per la punizione del Signore il faraone si comportò benevolmente con Abramo al quale disse: «*E ora eccoti tua moglie: prendila e vattene!*». *Poi il faraone lo affidò ad alcuni uomini che lo accompagnarono fuori della frontiera insieme con la moglie e tutti i suoi averi.*» (Genesi 12,19-20).

<u>Chi era quel faraone?</u>

Partendo dai pochissimi dati di riferimento storico si potrebbe tentare di conoscere l'identità del faraone tanto magnanimo di cui parla la Genesi. Il faraone si trova dunque sul Delta del Nilo dove risiede e questo indizio ci conduce alla XII dinastia.

Il racconto biblico fa riferimento ad una grande sventura che si abbatté sulla casa del faraone e in effetti, storicamente parlando, Amenomete I fondatore della dinastia con residenza sul Delta ebbe grandi problemi con gli esponenti del potere politico ed anzi fu assassinato a seguito di una congiura di Palazzo. Il faraone di cui parla la Genesi è generoso non vendicativo, tollerante e sicuramente giovane se si innamora di Sarai accettandola come compagna dopo la presentazione degli ufficiali e l'offerta del sedicente fratello Abramo «*La osservarono gli ufficiali del faraone e ne fecero le lodi al faraone; così la donna fu presa e condotta nella casa del faraone. Per riguardo a lei, egli trattò bene Abram...*» (Genesi 12,15-16).

I documenti storici a nostra disposizione come le "Istruzioni lealiste" definiscono il re «*colui che dà da vivere a coloro che lo seguono, è generoso per colui che aderisce alla sua strada*» (p.628). C'è infine un documento nel quale si legge che il figlio di Amenomete I cioè Sesostri è «*grande di dolcezza per chi lo segue che dà il soffio di vita a chi lo adora*» (p.628).

Questi elementi lasciano dunque pensare che il faraone di cui parla la Genesi tanto generoso con Abramo e innamorato di Sarai <u>potrebbe essere proprio Sesostri I della XII dinastia di Egitto.</u>

ABRAMO RITORNA IN PALESTINA
RICCO DI BENI E DI ANIMALI E DI SCHIAVI

Il periodo di splendore e di benessere dell'Egitto grazie alla politica dei sovrani della XII dinastia favorì la ripresa della politica di espansione e di controllo egiziano sul territorio palestinese.

Come si legge nel saggio di Paolo Matthiae, "Il primo impero babilonese":

«Poco prima dell'avvento di Shamshiadad I si devono essere consolidati autonomi organismi statali - se non addirittura creati centri di un rilevante potere politico — in una serie di importanti città della Siria settentrionale, da Khalab, l'odierna Aleppo, a Karkemish sull'alto corso dell'Eufrate e da Ugarit, sulla costa mediterranea presso l'ellenistica Laodicea ad mare, a Qatna a nord della romana Emesa. Oltre che nella maggior parte di questi centri, in parecchi altri della Siria, come Alalakh nell'Antiochene, Biblo e Beirut sulla costa, Damasco a sud e in una serie di città palestinesi, tra le quali Gaza, Lakish, Sikem, Megiddo, sono stati rinvenuti oggetti egiziani di sovrani della XII dinastia. Inoltre singolari testi magici egiziani contemporanei, i cosiddetti «testi di esecrazione», menzionano un ampio numero di città della Palestina e

della Siria meridionale come potenziali nemici dell'Egitto. Da questi documenti e da rarissime attestazioni nelle iscrizioni ufficiali egiziane di spedizioni faraoniche in Palestina – rilevante e puntualmente precisata solo quella di Sesostris III (1887-1850) contro Sikem – <u>si è dedotta l'esistenza di un controllo politico egiziano, difficilmente definibile nei suoi caratteri, sulla Palestina, sul litorale fin oltre Biblo e sulla Siria meridionale</u>.» (P. Matthiae, "Il primo impero Babilonese", p.325).

<u>Il territorio palestinese rimaneva teatro di scontri continui tra gli Egiziani e le popolazioni asiatiche siriane e poi nord mesopotamiche ed anche genti dell'Anatolia ed altre popolazioni persiane.</u>

La situazione di conflitti continui e tentativi vari di invasione in qualche modo trova eco nel passo biblico che racconta la strana "Campagna dei quattro re" per la quale il commentatore biblico esprime notevoli perplessità. Si legge infatti in Genesi C.14 *«Questo capitolo non appartiene a nessuna delle tre grandi fonti della Genesi. Il suo valore è giudicato molto diversamente. Sembra che sia una composizione tardiva che rimaneggia l'antica; i nomi dei quattro re dell'Oriente hanno forme antiche, ma non sono identificabili a nessun personaggio noto, ed è storicamente impossibile che l'Elam abbia mai dominato sulle città del sud del Mar Morto e sia stato alla testa di una coalizione che avrebbe riunito un re amorreo (Amrafel) un re Hurrita (Arioch) un re Hittita (Tideal). il racconto ha voluto unire Abramo alla grande storia e aggiungere alla sua figura un'aureola di gloria militare».*

Sulla fondatezza storica degli eventi raccontati è necessario dunque sospendere il giudizio ma ci sembra che il racconto ci offra due interessanti informazioni confortate dai fatti storicamente accreditati.

In primo luogo si conferma <u>il clima di lotta e di scorribande militari tra le tante genti dell'Asia per la conquista di posizioni strategiche della Palestina dove transitavano merci e popoli diversi in un continuo incontro di culture e scontri di eserciti per il dominio che l'Egitto voleva esercitare sulle terre dell'Anatolia, sul mar Mediterraneo, sulla Siria e aree settentrionali dei fiumi Tigri ed Eufrate.</u> Il racconto della Genesi parla di incursioni e invasioni di bande provenienti proprio dalla Mesopotamia, dal nord della Siria e da altre aree occupate dai Semiti Amorrei confermando proprio questa miscellanea di popoli attratti dal miraggio di una conquista di un territorio fertile e strategicamente felice con potenzialità economiche notevoli.

La seconda informazione che potremmo trarre dal racconto <u>è la mutata condizione economica e morale di Abramo.</u> Giova ricordare che Abramo era partito dalle terre aride del Negheb diretto in Egitto in condizioni economiche precarie anche a seguito di carestia ma dopo il breve soggiorno in Egitto e grazie alla collaborazione di Sarai era ritornato in Palestina in una condizione economica molto florida: «*Dall'Egitto Abram ritornò nel Negheb con la moglie e tutti i suoi averi; Lot era con lui. <u>Abram era molto ricco in bestiame, argento e oro</u>*.» (Genesi 13, 1-2). Questa nuova condizione economica gli permise di ritornare nelle terre più fertili di Betel non lontano da Ai pagando forse il pedaggio del soggiorno rendendosi gradito agli abitanti e sicuramente guadagnandosi quella stima e anche l'invidia che sa suscitare la ricchezza. Purtroppo, come spesso accade, anche l'abbondanza e la ricchezza sono motivo di contrasto all'interno della stessa famiglia.

Lot che aveva accompagnato lo zio Abram in tutte le vicende di trasferimento da Carran in Palestina e poi in Egitto e quindi nel rientro fino a Betel vuole ora separarsi mettendo fine al contrasto tra i mandriani, che litigavano forse per l'uso di territori insufficienti per far pascolare mandrie molto numerose. Lot si pone in contrasto con Abramo e vuole trasferirsi nel territorio ben irrigato della Valle del Giordano che era come "La Valle del Signore" o la terra fertile del delta del Nilo. La prudenza suggerì ad Abramo di concedere a Lot la precedenza sulla scelta sperando nelle future conquiste territoriali. Lot perciò si trasferì nella Valle e pose l'accampamento non lontano dalla città di Sodoma. <u>Abramo però nutriva un progetto più ambizioso: la conquista di tutta la Palestina e oltre</u>. Quella sfrenata ambizione gli venne alimentata dall'apparizione del Signore che chiaramente gli predisse un futuro di lotte e di conquiste che avrebbero impegnato anche le future generazioni: «Allora il Signore disse ad Abram, dopo che Lot si era separato da lui: «*Alza gli occhi e dal luogo dove tu stai spingi lo sguardo verso il settentrione e il mezzogiorno, verso l'oriente e l'occidente. Tutto il paese che tu vedi, io lo darò a te e alla tua discendenza per sempre (…) Alzati, percorri il paese in lungo e in largo, perché io lo darò a te*» (Genesi 13,14-17).

La sua nuova condizione economica intanto gli avrebbe permesso di tenere al suo soldo uomini forti adatti alle armi e poi gli avrebbe consentito di cercare territori più fertili ottenendo non una miserabile e precaria ospitalità come accadeva nel passato ma la licenza di occupazione e di sfruttamento di nuove terre facendo alleati e più spesso vassalli gli stessi abitanti del posto talvolta bisognosi di protezione. La prima tappa fu proprio l'occupazione di un fertile territorio nei pressi di Ebron cioè le Querce di Mamre l'Amorreo. In quel luogo infatti eresse un altare come segno di conquista e di benedizione divina superiore ad ogni altra volontà umana: né Perissiti, né Cananei, né altra gente avrebbe mai dovuto opporsi alla ferma volontà di conquista. In effetti Abramo si stava comportando come si comportavano i governatori Sumeri quando le loro decisioni erano viste come la realizzazione di ordini divini.

Il racconto della Genesi, sulla "Campagna dei quattro re", nonostante l'incertezza storica ci dimostra la nuova condizione sociale di Abramo e soprattutto la consistenza del suo patrimonio economico e la floridezza delle sue imprese economiche. <u>Grazie a questa ricchezza Abramo poteva disporre anche di una nutrita schiera di uomini adatti alle armi utilizzate anche per aiutare la difesa delle città spesso minacciate da scorrerie</u>

<u>esterne</u>. Le truppe o bande di gente asiatica che avevano saccheggiato città ricche come Sodoma o Gomorra e che non avevano incontrato una seria resistenza da parte degli abitanti del luogo furono contrastate dagli uomini al servizio di Abramo. È interessante il racconto della Genesi il quale fa ben comprendere quanto ricca e potente sia stata l'impresa economica di Abramo per la quale lavoravano moltissimi uomini prevalentemente schiavi: «*Quando Abram seppe che il suo parente (Lot) era stato preso prigioniero, organizzò i suoi uomini esperti nelle armi, schiavi nati nella sua casa, in numero di trecentodiciotto, e si diede all'inseguimento fino a Dan. Piombò sopra di essi di notte, lui con i suoi servi, li sconfisse e proseguì l'inseguimento fino a Coba, a settentrione di Damasco. Ricuperò così tutta la roba e anche Lot suo parente, i suoi beni, con le donne e il popolo.*» (Genesi 14, 14-16).

<u>Da quel momento Abramo è onorato e temuto dalle popolazioni del luogo tanto da ricevere ringraziamenti e onorificenze pubbliche da parte di re di città come Sodoma </u>che riconoscevano il valore e la forza di questo personaggio non più visto come straniero mal tollerato. Ci fu quasi come una gara tra

i re delle città per tributare riconoscimenti e ringraziamenti per l'azione coraggiosa effettuata da Abramo. Il re di Sodoma gli andò incontro nella Valle di Save quando Abramo e i suoi uomini ritornarono dopo aver sconfitto gli invasori, anche il re di Salem che era sacerdote del "Dio altissimo" offrì pane e vino e poi «*benedisse Abram con queste parole: «Sia benedetto Abram dal Dio altissimo, creatore del cielo e della terra e benedetto sia il Dio altissimo, che ti ha messo in mano i tuoi nemici»* (Genesi 14,17-19). <u>Abramo dunque divenne un'autorità morale che gli consentirà la totale integrazione con la popolazione autoctona.</u> La stima nel confronto di Abramo accrebbe quando furono restituiti alle popolazioni i beni, le donne e gli uomini che erano stati portati via dai gruppi asiatici invasori. Abramo dunque non solo sconfisse questi gruppi eterogenei del Medio Oriente ma restituì ai legittimi proprietari le loro ricchezze senza trattenere per sé *«né un filo, né un legaccio di sandalo, niente io prenderò di ciò che è tuo»* (Genesi 14,23). Con orgoglio al re di Sodoma che lo ringraziava si rivolse con le seguenti parole: «*Non potrai dire: io ho arricchito Abram»* (Genesi 14,23). Abramo dunque aveva finalmente raggiunto un primo e fondamentale obiettivo: <u>quello di farsi le</u>

alleanze con alcune popolazioni del luogo per impegnarsi successivamente alla realizzazione della conquista di quelle terre promesse da Dio! La Genesi non è sufficientemente esplicita ma i tre alleati autorevoli citati cioè Escol, Aner, Mamre facevano bene sperare per un'alleanza con gli Amorrei.

ABRAMO SI PREOCCUPA PER LA STERILITÀ DELLA MOGLIE SARAI

La nobiltà di animo di Abramo manifestata con la restituzione di tutti i beni alle popolazioni saccheggiate dalle bande degli invasori asiatici fu ricompensata dalle parole del Signore apparso in visione ad Abramo: «*Non temere, Abram. Io sono il tuo scudo; la tua ricompensa sarà molto grande*». (Genesi 15,1). Dio gli fece una generosissima offerta, anzi una doppia offerta: in primo luogo gli promise una discendenza numerosissima «*Guarda in cielo e conta le stelle, se riesci a contarle*» e soggiunse: «*Tale sarà la tua discendenza*» (Genesi 15,5). La seconda offerta era la profezia delle future conquiste. La profezia fu addirittura convalidata da un giuramento particolare del quale i contraenti avrebbero dovuto temere per le conseguenze di eventuali spergiuri. Il Signore infatti si sottopose <u>al giuramento imprecatorio effettuato con il passaggio tra animali diversi</u> (Genesi 15, 9 e seguenti).

La promessa con giuramento imprecatorio era del seguente tenore: «*Alla tua discendenza io dò questo paese dal fiume d'Egitto al grande fiume, il fiume Eufrate; il paese dove abitano i Keniti, i Kenizziti, i Kadmoniti, gli*

Hittiti, i Perizziti, i Refaim, gli Amorrei, i Cananei, i Gergesei, gli Evei e i Gebusei». (Genesi 15, 18-21).

A rifletterci, questa promessa solenne che sancisce l'alleanza tra i discendenti di Abramo e Dio potrebbe non lasciarci indifferenti perché potrebbe <u>aver gettato semi velenosi per la convivenza con le popolazioni della Mezzaluna fertile del Medio Oriente.</u> Il giuramento del Signore potrebbe essere anche interpretato come un desiderio troppo ambizioso di Abramo che sentendosi ricco e potente sognava progetti espansivi e conquiste di territori che prima aveva attraversato come modesto carovaniere da Ur fino al delta del Nilo sognando terreni fertili per sfamare i suoi animali e pozzi ricchi di acqua per dissetare il suo popolo itinerante. Abramo come tutti gli uomini viveva su due piani: quello del desiderio e talvolta dell'utopia e quello della dura realtà quotidiana con tutti gli impacci e i vincoli, talvolta paralizzanti, che costringono ai compromessi e alle piccole realizzazioni sperando nel futuro.

Abramo voleva un figlio da Sarai donna amatissima nonostante i compromessi, ma Sarai era sterile! Erano, già trascorsi 10 anni dal ritorno dall'Egitto; tanti fatti erano accaduti ma uno degli eventi più significativi fu la sua integrazione autorevole nel territorio dei Cananei nella zona di Ebron. Confidava nella promessa del Signore circa la discendenza ma per il momento doveva accontentarsi del pragmatismo di Sarai la quale gli offrì una qualche soluzione quantunque parziale. Un giorno dopo aver riflettuto a lungo e dopo aver compreso la sofferenza del marito, Sarai con una certa riluttanza, disse ad Abramo: «*Ecco, il Signore mi ha impedito di aver prole; unisciti alla mia schiava: forse da lei potrò avere figli*» (Genesi 16,2).

Ad Abramo l'idea non sembrò proprio geniale ma visto che Sarai ci teneva molto come se il parto della schiava (di nome Agar) fosse il suo, accettò la proposta, anzi accolse simpaticamente la volontà di Sarai la quale «*prese Agar l'egiziana, sua schiava e la diede in moglie ad Abram, suo marito. Egli si unì ad Agar, che restò incinta.*» (Genesi 16, 3-4).

Se il parallelismo non fosse anacronistico l'evento lo potremmo classificare come una fecondazione assistita oppure un contratto per "un utero in affitto". La storia umana insegna che non sempre le decisioni prese con la luce <u>della razionalità utilitaristica sono compatibili con la complessità della vita affettiva e relazionale</u>. Il mondo affettivo di Agar entrò per così dire in ebollizione: si risvegliò in lei tutto l'orgoglio di donna e all'improvviso la sua umile servile condizione di schiava si ribellò. Portare in grembo una creatura del padrone le risvegliò tutta la dignità ed anche la voglia di vendicarsi delle probabili umiliazioni patite. Sarai ben presto si ribellò a questa nuova e imprevista situazione: «Io non tollero questa schiava arrogante che si permette di non rispettare la mia posizione e la mia autorità» disse ben presto a suo marito Abramo.

Sarai era talmente indignata che chiamò a fare da giudice lo stesso "Signore" «*io non conto più niente per lei. Il Signore sia giudice tra me e te!*». (Genesi 16,5). Si potrebbe osservare che il "Signore" chiamato in causa avrebbe potuto dire «Mia cara Sarai tu stessa hai voluto questa situazione e sai perfettamente che l'essere umano trattato da schiavo, prima o poi, si ribellerà».

La minaccia di Sarai però ottenne lo scopo perché Abramo più che pendere dalle labbra del Signore per gli affari di cuore pendeva dalle labbra di Sarai alla quale rispose perentoriamente «*Ecco, la tua schiava è in tuo potere: falle ciò che ti pare*» (Genesi 16,6). Sarai non aspettava altro che quella licenza di nuocere ed infatti: «*Sarai allora la maltrattò tanto che quella (Agar) si allontanò*». (Genesi 16,6).

È difficile non provare pietà per la schiava Agar che decise di fuggire nonostante avesse un bimbo in grembo! Verrebbe voglia di commentare che le due donne giocavano con il fuoco, dimenticando che la sola persona punita sarebbe stata proprio il bambino innocente! Agar priva di consapevolezza sulle conseguenze della sua scellerata fuga si incamminò sulla strada per Sur e si fermò presso un pozzo di acqua chiamato pozzo di Lacai Roi tra Kades e Bered.

La Genesi non racconta se Agar ebbe un ripensamento o se Sarai addolcì la sua vendetta ma probabilmente fu lo stesso Abramo a rincorrere Agar consapevole che il bambino era suo figlio.

La fonte della pietà fu certamente il Signore che apparve in visione ad Agar presso il pozzo di Lacai Roi. Agar trovò conforto nelle sue parole: «*Ecco, sei incinta: partorirai un figlio e lo chiamerai Ismaele, perché il Signore ha ascoltato la tua afflizione.*» (Genesi 16,11).

In quali comportamenti si tradusse questa pietà? Forse nel ritorno di Agar presso la casa di Sarai dopo aver modificato il suo atteggiamento di sfida secondo il consiglio del Signore? *«ritorna dalla tua padrona e restale sottomessa»*. (Genesi 16,9).

È difficile pensare che Agar possa aver partorito Ismaele in ambiente desertico nelle sua solitudine disperata. Ci conforta il pensiero che Abramo attribuì il nome di Ismaele a suo figlio e dunque ci è lecito pensare che Agar ritornò effettivamente nella casa di Abramo in una condizione di umile e pentita schiava al servizio della severa Sarai. In questa nuova condizione di sofferenza e di umiliazione Agar allevò suo figlio Ismaele che ben presto forgiò il suo carattere nella mortificazione e nell'odio nei confronti di un ambiente a lui ostile. In questo clima il giovane Ismaele inevitabilmente manifestò il carattere ribelle e vendicativo rendendo vera la profezia che il Signore fece ad Agar presso il pozzo di Lacai Roi *«Egli sarà come un ònagro; la sua mano sarà contro tutti e la mano di tutti contro di lui e abiterà di fronte a tutti i suoi fratelli»*. (Genesi 16,12).

Sembra incredibile ma, se è lecito un certo anacronismo, questa situazione di eterna conflittualità sembra non voglia mai modificarsi neanche a distanza di secoli! Con queste parole l'angelo del Signore (forse il Signore stesso) predisse il destino di Ismaele capostipite degli Arabi del deserto i quali nonostante l'ostilità ambientale si moltiplicarono in tante tribù nomadi come aveva predetto il signore ad Agar: «*Moltiplicherò la tua discendenza e non si potrà contarla per la sua moltitudine*» (Genesi 16,10). Abramo all'età di 86 anni divenne finalmente padre per la prima volta.

IL SEGNO DELL'ALLEANZA
DOPO UN LUNGO COLLOQUIO CON DIO

Trascorsero tredici anni dalla nascita di Ismaele e Abramo nonostante l'età avanzata sognava di avere un figlio con la sua amata Sarai e poter avere una numerosa discendenza e conquistare le fertili terre di Canaan dove rimaneva pur sempre un nomade! All'età di novantanove anni gli apparve il Signore. Abramo sì prostrò con il viso a terra e udì la voce suadente e possente di Dio:

«Io sono Dio onnipotente:

cammina davanti a me

e sii integro.

Porrò la mia alleanza

tra me e te

e ti renderò numeroso

molto, molto». (Genesi 17, 1-2)

Dio aveva letto il desiderio e l'ambizione di Abramo: lo vuole esaudire quantunque la cosa sembrasse impossibile! Non arriverà gratis il nuovo destino di Abramo perché Dio pose precise condizioni: <u>camminare davanti a Lui ed essere moralmente integri.</u>

Camminare davanti a Dio potrà significare impegnarsi nella testimonianza e fare proseliti; vorrà forse dire impegnarsi ogni giorno per correggere la propria condotta e conformarla ai valori indicati da Dio. Il Signore chiede espressamente di essere integri: espressione questa che lascia spazio a tanta possibilità interpretativa. L'espressione può essere letta come impegno etico - morale a non essere corrotti. Solo più tardi con la vicenda dell'Esodo Mosè indicherà con le sue Tavole del Monte Sinai i fondamenti Etici della condotta umana dando significato pieno al dovere dell'integrità morale. Il nuovo percorso della vita e degli impegni di Abramo avrà una precisa segnalazione nel suo stesso nome. Dio da quel momento non sarà più Abram ma Abraham cioè (padre di moltitudine).

Dio promette ad Abramo che il suo più grande e ambiziosissimo sogno quello cioè di conquistare la terra di Palestina sarà raggiunto ed anzi si impegna in prima persona perché possa essere realizzato: «*ti farò diventare nazione e da te nasceranno dei re (....) Darò a te e alla tua discendenza dopo di te il paese dove sei straniero, tutto il paese di Canaan in possesso perenne; sarò il vostro Dio*» (Genesi 17, 6-8).

È chiaramente detto che da quel momento il desiderio di Abramo, di non sentirsi più straniero, diventerà progetto politico-militare con la benedizione e l'aiuto diretto di Dio.

Forse si potrebbe avanzare una qualche obiezione su questo atteggiamento troppo partigiano di Dio che non prende in esame l'eventuale diritto degli abitanti di Canaan di mantenere la titolarità del possesso del territorio da loro abitato. È un dato di fatto che Dio con questa dichiarazione impegnativa sul piano politico e militare, sancisce il principio dell'occupazione territoriale con la legittimazione della forza militare. Dio si impegna inoltre a moltiplicare il popolo di Abramo superando persino l'ostacolo biologico di un'età decisamente avanzata e inadeguata per la funzione riproduttiva.

Con questa "discesa in campo di Dio" a favore di Abramo si riapre il problema della sterilità di Sarai ma anche della inadeguatezza di Abramo alla funzione generativa in quel momento in cui aveva raggiunto i suoi novantanove anni.

Ovviamente per Dio il fattore tempo e il decadimento delle funzioni biologiche non hanno alcuna rilevanza.

A Dio stava a cuore piuttosto il rispetto da parte di Abramo e dei suoi discendenti di tutti i termini e condizioni di una stretta e particolare Alleanza: *«Disse Dio ad Abramo: «Da parte tua devi osservare la mia alleanza, tu e la tua discendenza dopo di te di generazione in generazione (...) Vi lascerete circoncidere la carne del vostro membro e ciò sarà il segno dell'alleanza tra me e voi. Quando avrà otto giorni, sarà circonciso tra di voi ogni maschio di generazione in generazione, tanto quello nato in casa come quello comperato con denaro da qualunque straniero che non sia della tua stirpe. Deve essere circonciso chi è nato in casa e chi viene comperato con denaro; così la mia alleanza sussisterà nella vostra carne come alleanza perenne. Il maschio non circonciso, di cui cioè non sarà stata circoncisa la carne del membro, sia eliminato dal suo popolo: ha violato la mia alleanza»* (Genesi 17, 9-14)

Con il segno indelebile della circoncisione Dio vuole che siano riconosciuti i suoi figli prediletti ed esige inoltre che tutti gli appartenenti a quella popolazione si impegnino sempre in una condotta conforme ai voleri di Dio. Il taglio del prepuzio del pene era un rito primitivo al quale si assoggettavano i maschi prima del matrimonio. A ben riflettere al Dio di Abramo stavano particolarmente a cuore i segni visibili di un'alleanza perché in un'altra situazione aveva già indicato il segno dell'arcobaleno come memoria dell'Alleanza tra la discendenza di Abramo e Dio stesso. Con il segno ben più impegnativo della mutilazione del pene ogni maschio della discendenza di Abramo mai avrebbe dovuto né potuto dimenticare l'appartenenza tribale nazionale con tutte le conseguenze di solidarietà sociale e di perenne impegno sul piano etico - morale e in seguito politico e militare.

La totale condivisione di Dio per la causa di conquista delle terre di Canaan fu espressa anche con l'impegno a far partorire la già sterile Sarai che all'età di novanta anni avrebbe potuto mettere al mondo un suo figlio dopo tanti anni di sofferta attesa. Questa promessa di Dio in effetti rese perplesso lo stesso Abramo che, con tutto il rispetto, dopo essersi prostrato con la faccia a terra non riuscì a trattenere il riso spontaneo mentre la sua mente riflessiva pensava: «*Ad uno di cento anni può nascere un figlio? E*

Sara all'età di novanta anni potrà partorire?» (Genesi 17,17).

La promessa divina gli sembrò proprio inverosimile tanto che si rivolse a Dio quasi per correggerlo sperando almeno che la sua discendenza fosse garantita da Ismaele figlio della schiava egiziana Agar: «*Se almeno Ismaele potesse vivere davanti a te!*» (Genesi 17,18).

Ma Dio sarà esplicito e chiarirà definitivamente le sue intenzioni perché non si potrà tralignare dal suo progetto di conquista <u>della terra perentoriamente promessa e delineata geograficamente</u> coinvolgendo tutti per l'attuazione grazie alla partecipazione della futura numerosissima discendenza: «*Quanto a Sarai tua moglie, non la chiamerai più Sarai, ma Sara. Io la benedirò e anche da lei ti darò un figlio; la benedirò e diventerà nazioni e re di popoli nasceranno da lei*» (Genesi 17,15-16).

«*Sara, tua moglie, ti partorirà un figlio e lo chiamerai Isacco. Io stabilirò la mia alleanza con lui come alleanza perenne, per essere il Dio suo e della sua discendenza dopo di lui*» (Genesi 17,19).

Dio dunque fa la sua scelta e si impegna per una futura e fattiva collaborazione con tutta la discendenza di Isacco.

Dio che perde dunque la sua imparzialità di fronte a tutte le creature umane tanto che la parola sublime "Dio" significherà <u>potenza illimitata al servizio di una sola popolazione</u>. Tale rappresentazione concettuale evocata dalla parola "Dio" legittima e spiega l'espressione della Genesi quale "Dio di Abramo" e anche "Dio di Isacco", "Dio della discendenza di Isacco". Volendo poi espandere l'analisi concettuale si potrebbe sostenere la tesi per la qual il "volere di un Dio partigiano" non dovrebbe condizionare o interferire con la volontà e i sentimenti di tutti coloro che sono stati esclusi da questo scudo e da questa potenza che sono al servizio degli interessi di un solo popolo.

Si potrebbe anche persino affermare che un Dio partigiano non merita di essere adorato da tutta l'umanità!

Il corollario di tutto ciò è che a fronte di un Dio partigiano si potrebbe contrapporre qualche altra potenza divina da chiamare in causa per una futura evenienza conflittuale.

A questo Dio così schierato a favore di Abramo e della sua gente sta a cuore persino il futuro di Ismaele perché amato da Abramo nonostante la provenienza materna non degna di tanta nobiltà paterna!

«Quanto a Ismaele, io ti ho esaudito. Ecco, io l'ho benedetto e farò in modo che si moltiplichi e si accresca straordinariamente. Egli genererà dodici principi e io farò di lui una grande nazione» (Genesi 17,20).

Anche per Ismaele dunque si profetizza un futuro di potenza e di espansioni geografiche. Sembra che anche per lui sia fatta giustizia dopo i torti subiti da sua madre per la cacciata e l'umiliazione per la vendetta di Sarai.

Si tratta purtroppo di un'apparente giustizia proprio a causa delle parole che Dio pronuncerà poco dopo: *«Ma stabilirò la mia alleanza con Isacco, che Sara ti partorirà a questa data l'anno venturo»* (Genesi 17,21).

La scelta preferenziale del futuro nascituro Isacco esclude pertanto il giovane Ismaele che formerà la sua personalità nelle terre semidesertiche avverando necessariamente un'altra delle profezie secondo le quali avrebbe strutturato il carattere come un ònagro selvatico!

Il futuro capostipite della tribù araba del deserto ha dunque l'avvenire già segnato!

In effetti Ismaele, come profetizzato, divenne rissoso e battagliero contro i futuri fratelli! Dio dunque precisò in maniera definitiva i termini dell'Alleanza e naturalmente indicò tutti gli obiettivi che Abramo ed i suoi discendenti avrebbero dovuto perseguire e raggiungere nel corso degli anni e dei secoli futuri!

Non rimase altro da dire e da fare: Dio se ne ritornò in cielo «*salendo in alto lasciò Abramo*» (Genesi 17,22).

IL RITO DELLA CIRCONCISIONE COLLETTIVA

Il discorso dell'Alleanza con Dio costituì per Abramo un passaggio fondamentale nella storia della sua vita e nel disegno complessivo che aveva delineato nei lunghi e sofferti anni peregrinando per le vallate e i suoi sentieri impervi o semidesertici percorsi nell'area del territorio della Mezzaluna fertile da Sumer fino al Delta del Nilo.

Nomade e straniero ovunque, portandosi dietro nelle carovane precarie animali, uomini della sua tribù e schiavi acquistati in varie località.

Coltivava nel cuore l'ambizione di trovare un territorio fertile e stabilizzarsi non più tormentato dall'incertezza dell'acqua o dalle paure di veder morire i suoi animali. Ovunque doveva mendicare l'ospitalità molte volte pagata con servizi e beni materiali.

Dal momento di quell'incontro con Dio che gli offrì il progetto della conquista territoriale e la miracolosa offerta di ringiovanire Sara rendendola fertile, Abramo non indugiò più nelle riflessioni scettiche sulla sua inadeguatezza a procreare ancora e per di più con Sara.

Era giunto il momento di riprendere l'entusiasmo dell'inizio dell'avventura e questa volta l'ambizione era veramente grande: si doveva lavorare sulla sua gente e sugli alleati per procedere alla conquista e occupare militarmente il territorio di Canaan dando questo compito anche alle future generazioni "Dio lo vuole!" Si potrebbe dire!

<u>La terra di Palestina per volontà di Dio è terra predestinata a nuovi titolari con il diritto della forza e la legittimazione del Dio dell'universo che per quella impresa politico-militare lascia il suo ruolo di imparziale giudice e tutore dell'armonia universale</u> per assumere il ruolo di potentissimo avvocato di una causa a favore di un <u>popolo privilegiato forse dotato di energie e talenti superiori ad ogni altra popolazione.</u>

Occorreva ottemperare alle clausole volute da Dio e in primo luogo procedere alla circoncisione ed anche ad un'azione pedagogica per un'assunzione di responsabilità e di consapevolezza etica da parte di tutti coloro che facevano parte della famiglia allargata del patriarca Abramo.

Il giorno stesso della stipula dell'Alleanza con Dio, Abramo dette ordine di procedere al rito della circoncisione che comprendeva ovviamente il momento della parola dottrinaria e del giuramento di fedeltà. Ogni uomo sarebbe diventato soldato di Dio e avrebbe speso tutte le sue energie per la causa e la conquista della "Terra Promessa". Dopo le parole di Dio, Abramo fu come soggiogato da un'ansia febbrile: non indugiò neppure un istante!

Questa indicazione di frenesia operativa è sinteticamente ed efficientemente espressa da un semplice avverbio di tempo: "Allora!"

Dio lasciò Abramo e «*Allora Abramo prese Ismaele suo figlio e tutti i nati nella sua casa e tutti quelli comperati con il suo denaro, tutti i maschi appartenenti al personale della casa di Abramo, e circoncise la carne del loro membro in quello stesso giorno, come Dio gli aveva detto*» (Genesi 17,23).

L'espressione, presa alla lettera, appare decisamente inverosimile ma l'iperbole fa ben comprendere l'ansia di Abramo il quale con quella nuova carica emotiva deve dare slancio e contagiare positivamente tutti i maschi della sua già numerosa tribù. Il segno dell'appartenenza espresso con la mutilazione di una porzione così importante per l'uomo non poteva non imprimere in maniera indelebile una svolta negli orientamenti emozionali e valoriali degli uomini di Abramo rendendoli fedeli alla causa fin quasi al sacrificio di se stessi.

Sul piano psicologico l'orgoglio dell'appartenenza si sposava con la dignità e l'essenza della propria personalità. Si costituiva pertanto un soggetto sociale coeso e solidale disposto a spendersi totalmente per il progetto indicato nella alleanza divina: "La Terra promessa" diveniva un progetto ossessivo, lo scopo della vita di ogni soggetto presente e futuro; era un obiettivo non solo politico con risvolti militari futuri ma anche un organismo concettuale intriso di un'eticità totale che dava senso alla vita dei singoli e agli organismi sociali futuri.

"La Terra promessa" non era più un miraggio era un volere di Dio che avrebbe trascinato tutte le volontà senza ripensamenti e risparmi di energie, avrebbe allontanato ogni tentativo autocritico: la Terra Promessa era un dogma che avrebbe pervaso il senso del vivere e della quotidianità.

L'APPARIZIONE DEL SIGNORE
NELLE TERRE DI MAMRE

Quando tutti i maschi della tribù di Abramo furono adeguatamente preparati Dio volle realizzare il primo obiettivo indispensabile per il grande progetto insito nell'alleanza cioè la fecondazione di Sara perché da lei sarebbe uscito il vero capostipite della discendenza ebraica.

Isacco infatti era proprio l'uomo che Dio aveva scelto tra i figli di Abramo perché da lui procedesse la realizzazione o quantomeno l'inizio della realizzazione del progetto di conquista della Terra Promessa. Il compito sarebbe stato svolto anche dal figlio Giacobbe e soprattutto dai figli di quest'ultimo protagonisti della conquista della Palestina.

Il giorno dell'apparizione di Dio Abramo se ne stava all'ingresso della tenda all'ombra di alberi che rendevano meno torrida e afosa l'ora più calda di un'estate senza fine. Era totalmente immerso nei suoi pensieri resi incerti dal caldo e dalla digestione.

Udì vagamente lo stropiccio dei calzoni di uomini che si stavano avvicinando.

Abramo levò gli occhi e immediatamente si alzò di scatto e andò loro incontro con grande turbamento d'animo. Capì che erano emissari di Dio o forse Dio stesso che si presentava nella sua natura trinitaria. Quando fu vicino si piegò a terra, si prostrò ed emozionato disse: «*Mio Signore, se ho trovato grazia ai tuoi occhi, non passar oltre senza fermarti dal tuo servo. Si vada a prendere un po' di acqua, lavatevi i piedi e accomodatevi sotto l'albero. Permettete che vada a prendere un boccone di pane e rinfrancatevi il cuore; dopo, potrete proseguire (...)*» Genesi (18,3-5).

Abramo è confuso, non conosce il motivo di questo strano viaggio: il Signore passa per la sua casa e assume forme multiple umane come se dovesse compiere diversi compiti in luoghi diversi ma contemporaneamente. Abramo vuole che sia soddisfatto il dovere dell'ospitalità senza chiedere spiegazione della visita. Dopo aver ottenuto la licenza di allontanarsi, entrò nella tenda dove si trovava Sara e la pregò di preparare le focacce per gli ospiti «*Presto, tre staia di fior di farina, impastala e fanne focacce*» (Genesi 18,6).

Abramo non fu avaro: fece preparare anche carne di vitello e quando il cibo fu cotto, apparecchiò la mensa sotto l'albero, all'ombra e invitò gli ospiti a consumare quelle gustose vivande ben annaffiate da latte fresco e anche latte acido.

Fu per lui gesto di deferente ossequio rimanere in piedi al servizio dei nuovi venuti premuroso nel soddisfare la loro necessità.

Poco dopo scoprì finalmente una delle ragioni per le quali il Signore era venuto presso di lui con quella forma umana e per di più trinitaria.

Uno dei tre uomini rimase infatti presso di lui, gli altri due invece dopo aver mangiato, si allontanarono diretti nella vicina città di Sodoma. Il Signore si rivolse ad Abramo e gli chiese: «Dov'è Sara tua moglie? – Sappi che io tra un anno ritornerò proprio qui perché ella partorirà un bambino!» Mentre Abramo rimaneva incredulo e quasi stordito alla notizia, Sara nascosta dietro tenda faticò non poco a trattenere la risata: «*Avvizzita come sono dovrei provare il piacere, mentre il mio signore è vecchio!*» (Genesi 18,12). Disse!

Sara era abituata a pensare con la logica dei sensi, non era abituata a sforzarsi per capire i misteri della Metamorfosi né i miracoli che stravolgono le regole naturali della vita biologica.

Ascoltando le parole del Signore prova diffidenza ma Dio si indigna tanto che, in maniera stizzita, chiede ad Abramo: «*Perché Sara ha riso dicendo: Potrò davvero partorire, mentre sono vecchia?*» (Genesi 18,13).

A questo punto Dio ricorda in maniera perentoria che niente è impossibile a Lui e lo dimostrerà con i fatti tanto che i frutti si potranno vedere tra un anno perché: «*Al tempo fissato tornerò da te alla stessa data e Sara avrà un figlio*» (Genesi 18,14).

Sara è spaventata, preoccupata per aver offeso il Signore ma anche curiosa per questo inaspettato prodigio, probabilmente non avrebbe mai immaginato che il suo fascino di donna sarebbe durato anche nella vecchiaia, esce dalla tenda e cerca timidamente di giustificarsi con le parole "Non ho riso!" tanto per farsi perdonare. Ma, con il Signore non si scherza, né si simula ciò che è verità. Scatta l'indignazione ed escono dalla bocca del Signore le parole di rimprovero: «*Sì, hai proprio riso*» (Genesi 18,15). <u>Sara è spaventata per la durezza di quelle parole e a quel punto non si meraviglia quando si accorge di essere rimasta incinta senza saperlo! Il primo obiettivo di Dio è stato raggiunto!</u> Abramo avrà finalmente la sua discendenza con l'amatissima Sara resa finalmente feconda dal Signore. Intanto le altre due persone che componevano la Trinità Divina si alzarono dal tavolo e «*andarono a contemplare Sodoma dall'alto*» (Genesi 18,16).

Abramo venne a conoscere il secondo motivo per il quale la Trinità Divina si era recata presso la sua tendopoli allestita nel territorio di Mamre sulle alture delle quali si poteva scorgere la distesa pianura dove si ergeva la città di Sodoma. Al Signore non sfuggiva niente! Lesse nella mente di Abramo la curiosità di sapere perché mai le altre due persone si fossero dirette verso Sodoma. Prima ancora che Abramo aprisse la bocca disse: «*Devo io tener nascosto ad Abramo quello che sto per fare, mentre Abramo dovrà diventare una nazione grande e potente e in lui si diranno benedette tutte le nazioni della terra?*» (Genesi 18,17-18).

Si va chiarendo a poco a poco l'ampio progetto che Dio vuole realizzare mediante Abramo e in seguito mediante tutti discendenti. Il progetto di conquista non è più circoscritto ad un perimetro geografico angusto, riguarderà in futuro tutte le generazioni. L'azione politica e militare per la conquista della Palestina avrà anche una valenza altamente etica: si tratta di una vasta operazione missionaria di civilizzazione universale tanto che questa nazione che crescerà e diventerà grande e potente darà lustro e orgoglio a tutte le nazioni della terra. La nuova nazione sarà un faro di civiltà e tutte le nazioni della terra esprimeranno gratitudine al patriarca Abramo. Abramo e la sua gente appartengono alla categoria dei privilegiati, quelli che si collocano moralmente al di sopra degli altri uomini con il compito di guida in funzione civilizzatrice.

Per questo ruolo e per questa collocazione di primato e di superiorità Abramo aveva il diritto di essere informato anche di alcune decisioni molto importanti che avrebbero riguardato altre popolazioni. In questa visione teologica di famiglia universale Abramo e la sua gente sono visti come *patres familias* di tutti i popoli e dunque legittimamente responsabili delle condotte dei popoli. Dio dice esplicitamente ad Abramo che dal patto dell'Alleanza scaturivano dei precisi obblighi vincolanti per Abramo e per i discendenti: «*Infatti io l'ho scelto, perché egli obblighi i suoi figli e la sua famiglia dopo di lui ad osservare la via del Signore e ad agire con giustizia e diritto, perché il Signore realizzi per Abramo quanto gli ha promesso*» (Genesi 18,19).

Dio in definitiva sta spiegando ad Abramo che le condotte morali degli abitanti di Sodoma dovranno essere severamente punite perché tutte le genti ne traggano insegnamento e Abramo stesso diventi censore e testimone di una morale rispettosa dei valori fondanti della famiglia umana.

Abramo non nasconde le sue perplessità a fronte di tanto rigore e severità della sanzione divina: "Davvero sterminerai il giusto con l'empio?"

Abramo sfodera tutta la sua razionalità e si mette a fare sillogismi logici con Dio esprimendo tutto il suo stupore, per una giustizia che non sa discriminare il buono dal cattivo e nello slancio giustizialista tratta l'uomo giusto come l'empio e non conosce il perdono che talvolta è più efficace di una sanzione vendicativa.

Potrebbe essere simpatica e quasi spiritosa la trattativa tra Abramo e Dio finalizzata a far desistere questo Dio severo dall'intento distruttivo qualora si dovessero trovare nella città di Sodoma anche pochi giusti. In conclusione, Dio avrebbe rinunciato alla distruzione di Sodoma se almeno avesse incontrato dieci uomini non peccatori. Purtroppo, non avvenne! Sodoma fu distrutta!

IL PRIMATO DI ABRAMO
E LA DISTRUZIONE DI SODOMA

La trattativa effettuata tra Dio e Abramo merita una qualche riflessione aggiuntiva per le conseguenze che ne sarebbero derivate.

Partendo dal presupposto che «*Abramo dovrà diventare una nazione grande e potente e in lui si diranno benedette tutte le nazioni della terra!*» (Genesi 18,18) Dio ritiene che Abramo abbia il diritto di conoscere in anticipo, rispetto agli altri uomini, le sue decisioni come la "distruzione di Sodoma".

Con questo diritto con il quale Abramo diviene intermediario tra tutta l'umanità e Dio stesso accampa il diritto di conoscere le condotte e le decisioni politiche di tutti gli uomini e non solo quelli della sua tribù.

Dio gli comanda di far osservare "la via del Signore e ad agire con giustizia". Forte di questo diritto Abramo apre la trattativa con il Signore per attenuare la severità della punizione contro Sodoma.

Si vedrà in seguito la conseguenza di questo diritto di primazia nei confronti di tutti gli uomini.

Purtroppo per la cittadinanza di Sodoma le parole "dell'avvocato" Abramo non condussero all'assoluzione della colpa né alla attenuazione della pena perché la sentenza divina fu decisamente sfavorevole a Sodoma.

Nonostante la perorazione di Abramo la sentenza divina venne applicata!

Giunse la sera «*due angeli arrivarono a Sodoma sul far della sera, mentre Lot stava seduto alla porta di Sodoma*» (Genesi 19,1). Inizia così la visita delle due persone della Trinità Divina nella città di Sodoma e quasi immediatamente accadranno fatti che danno la dimostrazione del basso livello di moralità pubblica e privata in cui era sprofondata tutta la popolazione della città.

Il nipote di Abramo, Lot che si era trasferito nella bella e fertile vallata del fiume Giordano dopo il famoso alterco con lo zio, era stato contagiato da tanta immoralità come verrà presto detto.

È sera: Lot ha finito i lavori e si gode un po' di fresco non lontano dalle porte della città dove aveva allestito il suo accampamento. All'avvicinarsi delle persone divine si alzò immediatamente; andò loro incontro, si prostrò con deferenza fino ai piedi e le pregò di fermarsi presso la sua dimora dove avrebbero trovato un po' di conforto con il lavaggio dei piedi e l'ospitalità per trascorrere la notte fino al mattino seguente.

Le due persone avrebbero voluto fermarsi nella piazza per tutta la notte ma Lot fu così insistente che alla fine accettarono. L'accoglienza fu eccellente e dopo una rilassante chiacchierata aspettando il momento del sonno avvenne qualcosa di inaudito.

Si udì all'improvviso un tramestio che aumentava di intensità.

Il clamore cresceva mentre intorno all'abitazione si stavano accalcando giovani e vecchi in preda a scomposti spiriti di follia.

Gridavano, chiamavano a gran voce Lot e lo minacciavano perché facesse uscire quelle due persone che erano state già segnalate agli abitanti della città. La loro furia era stata prodotta dagli istinti perversi omosessuali. Gridavano scompostamente: «*Dove sono quegli uomini che sono entrati da te questa notte? Falli uscire da noi, perché possiamo abusarne!*» (Genesi 19,5).

Verrebbe da pensare che Abramo stesso che si era prodigato a favore della popolazione di Sodoma si sarebbe convinto della necessità della punizione di fronte a tale scena raccapricciante.

Lot sfoderò tutti gli argomenti di persuasione per dissuadere quella folla infervorita in preda all'istinto più bestiale si macchiò persino di colpe più gravi offrendo le figlie alla folla perversa. L'offerta sembrava fortemente appetibile al corrotto Lot che disse: «*No, fratelli miei, non fate del male! Sentite, io ho due figlie che non hanno ancora conosciuto uomo; lasciate che ve le porti fuori e fate loro quel che vi piace, purché non facciate nulla a questi uomini, perché sono entrati all'ombra del mio tetto*» (Genesi 19,7-8). La motivazione della squallida offerta di scambio è talmente incredibile da sembrare grottesca ma sicuramente essa manifesta l'immoralità ottusa di questo uomo che non pensa ai sentimenti e alla dignità delle figlie ritenendoli secondari rispetto al dovere di ospitalità di forestieri.

La folla eccitata e infervorita rise e derise lo squallido Lot anzi molti tentarono di fare anche a lui quello che avevano intenzione di fare agli stranieri.

Il momento fu estremamente drammatico.

In maniera fulminea le forze divine lanciarono saette accecanti sui più scalmanati che si accalcavano alla porta di Lot e la folla atterrita fuggì.

Lot. si rese conto che quegli uomini erano stati mandati da Dio per distruggere quella città ma ebbe il privilegio di poter salvare le sue figlie e il genero. *«Chi hai ancora qui? Il genero, i tuoi figli, le tue figlie e quanti hai in città, falli uscire da questo luogo»* (Genesi 19,12).

Era notte fonda, Lot si precipitò nelle case delle persone a lui care: andò ad avvisare anche i futuri sposi delle figlie ma fu accolto tra lo stupore e l'ironia: "Vuoi forse scherzare?" Dissero al futuro suocero. Tra la concitazione, lo stupore ed anche lo scetticismo si stava consumando la notte e l'evento cataclismatico si stava avvicinando.

Gli angeli (o meglio le persone divine) sollecitarono Lot: *«Alzati, prendi tua moglie e le tue figlie che si trovano qui, perché tu non perisca nel castigo di questa città»* (Genesi 19,15). Lot ancora indugiava, era come stordito. Gli angeli ne ebbero misericordia: lo presero per mano, trascinarono via anche la moglie e le figlie… "Fuggite verso la montagna, non vi trattenete nella valle" gridavano preoccupate quelle persone divine. Lot pareva non volersi convincere e come rassegnato all'evento tragico diceva loro: "Non riusciremo mai a raggiungere quelle montagne, saremo certamente travolti?!... La salvezza forse la potremmo ottenere se in quella cittadina laggiù non arrivasse la catastrofe". Gli angeli ancora una volta accettarono la proposta di Lot: «*Ecco, anche questa grazia io ti concedo: di non distruggere la città della quale hai parlato. Affrèttati, rifugiati là, perché io non posso far nulla finché tu non vi sia giunto*» (Genesi 19,21-22).

In effetti quella cittadina risparmiata dalla distruzione sismica si trovava a sud-est del Mar Morto e si chiamava Zoar. In epoca romana la cittadina per un nuovo terremoto fu coperta dalle acque ma ricostruita sulle alture. Lot dunque alle prime luci dell'alba si dirige verso Zoar.

L'aveva quasi raggiunta quando la terra iniziò a tremare terribilmente. Boati spaventosi provenivano dalle viscere del sottosuolo, zolfo e fuoco si levavano in alto e precipitavano in vapori mortali esplodendo a distanza di chilometri. Lapilli, ceneri, vapori solforosi spandevano la morte dovunque mentre i boati e le deflagrazioni continue soffocavano nella morte le inutili grida della popolazione delle due città vicine Sodoma e Gomorra. Lot ed i suoi familiari erano lontani da quell'inferno di fuoco e vapori mortali. La moglie indugiò, ma fu colpita da qualche dardo incandescente scagliato lontanissimo. Non ci fu scampo: «*la moglie di Lot si volse a guardare indietro e diventò una statua di sale*» (Genesi 19,26). Tutta la valle fu scossa e la stessa conformazione geografica venne modificata.

Abramo era sulle alture dalle quali era visibile l'immensa distesa della Valle del Mar Morto. Guardò quella vallata così fertile e fu colto da sconforto quando contemplò la scena di morte. Sodoma e Gomorra erano macerie fumanti che testimoniavano la potenza e la giustizia di Dio inflessibile per le colpe dei peccatori di quella città.

Solo Lot, nonostante la sua precarietà morale, fu salvato ma per i meriti di Abramo!

L'INCESTO VERGOGNOSO DI LOT

La terra continuava a tremare: i movimenti sismici interessavano anche il territorio di Zoar e Lot credette opportuno allontanarsi e dirigersi verso le montagne che avevano indicato le Persone Divine. Trovò alloggio in una caverna e lì decise di fermarsi per qualche tempo anche perché doveva badare agli animali.

In quel luogo, sicuramente poco ospitale e selvatico, Lot mostrò il peggio della sua persona moralmente fallace. Narra la "Genesi" che la figlia maggiore convinta di essere la fortunata superstite (insieme alla sorella) di quello spaventoso cataclisma si prese a cuore il problema della continuità della specie e ordì, d'accordo con la sorella minore, uno squallido tranello per essere fecondate. «*Quella stessa notte diedero da bere del vino al loro padre; la maggiore entrò e si coricò con suo padre; ed egli non si accorse quando lei si coricò né quando si alzò*» (Genesi 19,33).

La spiegazione appare alquanto incredibile perché è altamente improbabile che certe funzioni biologiche, non essendo passive, richiedono quasi sempre il volere! È molto più credibile la tesi di un incesto deciso dal padre (forse sotto l'effetto dell'alcol) avvezzo a dei compromessi con la morale!

È illuminante a tal fine il comportamento di Lot nei confronti di quella gente di Sodoma la notte della visita del Signore nella sua abitazione! Anche la figlia minore fu oggetto dell'interessamento incestuoso di Lot. L'evento poco edificante è malamente giustificato da una finalità che si vorrebbe più nobile quella cioè esplicitata dalla figlia maggiore alla sorella minore: «*così possiamo conservare la razza di nostro padre*» (Genesi 19,34).

<u>Nella scala etica dei valori di questa filosofia morale il valore della continuità tribale familiare giustifica lo stravolgimento di ogni altro valore compresi il rispetto e la dignità dei figli che dovrebbero essere tutelati dai genitori</u>.

In conclusione le due donne conservarono la specie e infatti: "la figlia maggiore partorì un figlio e lo chiamò Moab (che significa proprio uscito dal padre)"

«*Questi è il padre dei Moabiti, che esistono fino al giorno d'oggi. Anche la minore partorì un figlio, che chiamò Ben-Ammi. Questi è il padre degli Ammoniti, che esistono fino al giorno d'oggi*» (Genesi 19,37-38).

Il racconto dell'incesto di Lot non esprime alcuna riprovazione morale nel comportamento dei protagonisti.

Lot è ignaro di quanto è accaduto anzi potrebbe essere considerato vittima di un pruriginoso complotto di famiglia. Le figlie sono poi le lungimiranti protagoniste di un disegno di salvaguardia e prolungamento della stirpe e dunque meritevoli di elogio secondo alcuni. Risulta pertanto molto secondario il fatto che l'incontro sia avvenuto in maniera incestuosa contro la natura.

La ragione di tanta benevolenza etica è forse il desiderio dei Moabiti e degli Ammoniti di accreditarsi una particolare dignità per appartenere alla famiglia di Abramo. Questa tesi è confortata proprio dalla tradizione degli stessi Moabiti e degli Ammoniti ai quali evidentemente stava a cuore la dignità della razza piuttosto che la condotta etico-morale dei personaggi.

ABRAMO SI TRASFERISCE NELLA CITTÀ DI GERAR

Il terreno tremava ancora e Abramo che si trovava sulle alture di Mamre lontano dall'epicentro sismico, volle trasferirsi con tutta la sua tribù in territorio più sicuro.

Si diresse nel Negheb stabilendosi tra Kades e Sur in un territorio semidesertico e poco generoso per le sue greggi e armenti. Ben presto si rese conto che avrebbe dovuto ancora cambiare residenza alla ricerca di terreni più generosi.

La nuova destinazione era un territorio più fertile non lontano dal Mar Mediterraneo nella terra abitata da Filistei: si fermò dunque «*come straniero nella città di Gerar*» (Genesi 20,1)

La città di Gerar non distava molto da Gaza sita sulla costa marina né da Bersabea non lontana dalle terre desertiche del Neghebe.

Quali problemi incontrò Abramo soggiornando da straniero a Gerar? Come venne in contatto con Abimelech re di Gerar? Quali accordi prese con Abimelech?

Perché Abimelech accettò di stringere un patto con Abramo?

A tutte queste domande non è possibile dare una risposta, nella Genesi è detto che «Abimelech, Re di Gerar, <u>mandò a prendere Sara per inserirla nel suo harem</u>».

Non è stato indicato il modo secondo il quale Abramo sia venuto in contatto con Abimelech ma sicuramente continua a seguire la modalità furba e quasi truffaldina che già usò per giungere ai favori ottenuti dal faraone d'Egitto: diffondere cioè la voce che Sara e Abramo erano fratello e sorella. Verrebbe oggi il sorriso sull'efficacia di questa bugia riflettendo che Sara era un un'avvenente donna di 90 anni!

Abimelech sicuramente vide in Sara elementi di fascino non comuni se decise di mandarla a prendere per inserirla nel suo harem!

Anche questa volta, come nei momenti più difficili, interviene Dio che utilizza l'infallibile sistema della minaccia di morte qualora Abimelech avesse avuto un qualche contatto con Sara.

Le parole di Dio comunicate ad Abimelech furono perentorie e di grandissima efficacia: «Ecco

Stai per morire a causa della donna che tu hai preso, essa appartiene a suo marito» (Genesi 20,3).

Anche al faraone d'Egitto era accaduta la stessa cosa: anche lui fu ingannato da Abramo e punito da Dio perché l'unione era illegale. Questa volta Dio si comporta con maggior prudenza perché interviene in maniera preventiva parlando nel sogno ad Abimelech scoraggiandolo.

Abimelech si difenderà egregiamente con argomenti convincenti dicendo sempre nel sogno: *«Mio Signore, vuoi far morire anche la gente innocente? Non mi ha forse detto: È mia sorella? Ed anche lei ha detto: È mio fratello. Con retta coscienza e mani Innocenti ho fatto questo»* (Genesi 20, 4-5).

Dio riconosce ampiamente la bontà delle tesi di Abimelech ed anzi gli fa notare che il suo intervento e la minaccia manifestata erano stati l'espressione della sua intenzione di aiutare proprio un innocente. Sembrerebbe che Dio fosse animato proprio dal senso della Giustizia e dalla volontà di aiutare Abimelech a non peccare.

Data questa premessa sembrerebbe incomprensibile quello che Dio disse a proposito di

Abramo che, ricordiamo, era stato l'artefice dell'inganno e dunque meritevole di biasimo.

Dio esalta purtroppo la figura di Abramo con le seguenti parole «*Egli è un profeta preghi egli per te e tu vivrai*» (Genesi 20,7).

Potremmo dire che per Abimelech non solo c'è stato l'inganno ma egli dovrà accettare anche la beffa!

Abimelech dunque dovrà anche raccomandarsi presso Abramo perché interceda presso Dio al fine di scongiurare una sicura morte non solo per sé ma anche per tutta la sua parentela.

Abimelech aveva creduto fino ad allora che fosse sufficiente un comportamento onesto per vivere con dignità meritando forse un briciolo di felicità.

Dal dialogo severo e minaccioso con Dio Abimelech capì che oltre all'onestà, <u>la persona accorta dovrebbe cercare anche qualche raccomandazione presso personaggi potenti e bene inseriti nelle sfere del potere terreno e celeste!</u>

Sicuramente uscì dal sogno terrorizzato, desideroso di meritare l'amicizia di Abramo dal momento che «il profeta» aveva tanta influenza sulla volontà di Dio!

Abimelech al mattino raccontò a tutti i servi il colloquio con Dio e tutti si spaventarono!

Chiamò anche Abramo ma non con l'intenzione di rimproverarlo per l'inganno ma anzi con il desiderio benevolo di capire meglio l'equivoco. Davanti ad Abramo aveva un atteggiamento remissivo quasi di implorazione: «Che ti ho fatto di male?» *«Che colpa ho commesso contro di te perché tu abbia esposto me e il mio regno a un peccato tanto grande? Tu hai fatto a mio riguardo azioni che non si fanno»* (Genesi 20, 9-10). Gli tremava la voce!

Con un vero e proprio ricatto per la minaccia di morte espressa dal Signore, Abimelech vittima di Abramo, diviene figura implorante disposta a pagare ogni cifra pur di uscire dalla paura!

Così avviene: *«Allora Abimelech prese greggi e armenti, schiavi e schiave, li diede ad Abramo e gli restituì la moglie Sara»* (Genesi 20,14).

La generosità di Abimelech fu davvero enorme perché oltre ai beni concessi aggiunse il diritto di risiedere nel territorio di Gerar: *«Ecco davanti a te il mio territorio: va ad abitare dove vuoi»* (Genesi 20,15). <u>La paura è cattiva consigliera!</u>

Sulla capacità estorsiva di Abramo e degli altri carovanieri Semiti Nomadi sono state raccolte moltissime tracce storiche tanto che il passaggio o il soggiorno di questi Semiti seminomadi alle periferie della città erano quasi sempre motivo di apprensione per gli abitanti del posto che temevano azioni banditesche!

Se è lecita l'interpretazione meno teologica si potrebbe dire che Abramo guadagnò il soggiorno nella città di Gerar in forza di ricatti usando una forte attitudine alla millanteria accreditandosi il ruolo di profeta del Signore e di guaritore.

Abimelech era talmente impaurito che volle doviziosamente risarcire la stessa Sara la quale, entrata nell'Harem del re, ne uscì arricchita senza aver effettuato alcuna improbabile prestazione!

Abimelech dunque disse: «*Ecco, ho dato mille pezzi d'argento a tuo fratello: sarà per te come un risarcimento di fronte a quanti sono con te. Così tu sei in tutto riabilitata*» (Genesi 20, 16).

Dopo questo diluvio di ricchezza precipitato addosso ai due coniugi-fratelli pare che Abramo si sia convinto ad esercitare il ruolo di guaritore in forza del particolare legame di amicizia con Dio. Infatti «*pregò Dio e Dio guarì Abimelech, sua moglie e le sue serve sì che poterono ancora partorire*» (Genesi 20, 17).

Questa storia letta in chiave più laica e dissacrante ci ricorda la modalità delle tante donne nomadi che dopo aver usato l'arma della "maledizione" e del "malocchio" effettuavano riti con formule <u>e gesti misteriosi per accreditarsi il potere di essere dispensatrici di salute e di fortuna in cambio di denaro o di monili preziosi.</u>

L'esperienza ci ha insegnato che il trucco funziona su persone labili e facilmente suggestionabili e impaurite.

A conclusione della storia di Abimelech e della sua malattia si viene a conoscere finalmente la natura del male e la causa che l'aveva generato: «*Il Signore aveva reso sterili tutte le donne della casa di Abimelech, per il fatto di Sara, moglie di Abramo*» (Genesi 20, 18).

Il fatto dunque sarebbe il seguente: Abramo fa sapere che sua moglie Sara è sua sorella e perciò libera, Abimelech la prende per il suo Harem e con ciò commette un grave peccato. Interviene il Signore e punisce Abimelech rendendo sterili tutte le donne della casa del re; Abimelech viene a sapere dal Signore che Abramo è un potente profeta e a lui dovrà rivolgersi per il perdono; Abimelech implora Abramo perché interceda presso il Signore in cambio di un enorme offerta di beni materiali; Abramo prega Dio e Dio lo esaudirà; la moglie di Abimelech e tutte le donne finalmente torneranno a partorire.

Che cosa effettivamente sia accaduto non è di facile comprensione!

<u>È lecito pensare che Abimelech sia stato soggiogato dalla forte personalità di Abramo e dal fascino di Sara!</u>

Anche questa volta, come già accadde con il faraone in Egitto, Abramo accumula molte ricchezze!

SARA È FINALMENTE FERTILE

Il tempo trascorreva velocemente e Sara molto spesso richiamava alla memoria le parole del Signore che le prometteva una prossima gravidanza. Il pensiero la faceva sorridere perché la sua veneranda età non era compatibile con una maternità e d'altra parte Sara sapeva bene che la sua infertilità l'aveva spinta ad accettare Ismaele figlio di Abramo e della schiava egiziana Agar.

Niente però è impossibile al Signore ed infatti inaspettatamente «*il Signore visitò Sara, come aveva detto e fece a Sara come aveva promesso. Sara concepì e partorì ad Abramo un figlio nella vecchiaia*» (Genesi 21, 1-2).

Questa visita del Signore con effetti incredibili lasciò nello stupore e nell'incredulità la stessa Sara la quale non mancò di fare una riflessione quando constatò di essere rimasta incinta: «*Motivo di lieto riso mi ha dato Dio: chiunque lo saprà sorriderà di me!*» ed ancora «*Chi avrebbe mai detto ad Abramo: Sara deve allattare figli! Eppure gli ho partorito un figlio nella sua vecchiaia*» (Genesi 21, 6-7).

Anche Abramo dovette essere particolarmente sorpreso: divenire padre all'età di cento anni sembrò allora, ma sembra anche oggi, incredibile. L'incredulo Abramo ringraziò ripetutamente il Signore per la tanta forza miracolistica grazie alla quale la bella Sara divenne finalmente madre!

Al bimbo fu dato il nome di Isacco che significa proprio "sorridere, giocare": nel nome dunque si voleva ricordare perennemente la gioia provata da tutti.

Dopo otto giorni dalla nascita Abramo circoncise il bimbo per imprimere indelebilmente il segno del patto della alleanza con il Signore.

Con la nascita di Isacco venne meno la tolleranza di Sara nei confronti di Agar e di suo figlio Ismaele.

Il piccolo Ismaele si stava affezionando al fratellino Isacco e con il passare dei mesi trascorreva sempre più tempo scherzando con il bimbo sotto lo sguardo benevolo e compiaciuto della madre Agar.

Il fatto dispiacque a Sara la quale maliziosamente temeva che Isacco perdesse il diritto di primogenitura a favore di Ismaele.

Come era accaduto altre volte Sara non si fece nessuno scrupolo e ignorando la sofferenza che si procurava ad altri, martellò il marito Abramo perché prendesse la decisione di cacciare via la schiava Agar e suo figlio Ismaele: «Scaccia questa schiava e suo figlio perché il figlio di questa schiava non deve essere erede con mio figlio Isacco».

Abramo rimase costernato: quel bimbo da cacciare era anche suo figlio e la decisione sarebbe stata lacerante per il suo cuore!

Come accadeva spesso nei momenti di maggiore difficoltà ci pensò il Signore a rasserenare Abramo e a convincerlo: «*Non ti dispiaccia questo, per il fanciullo e la tua schiava: ascolta la parola di Sara in quanto ti dice, ascolta la sua voce, perché attraverso Isacco da te prenderà nome una stirpe. Ma io farò diventare una grande nazione anche il figlio della schiava perché è tua prole*» (Genesi 21, 12-13).

Il Dio di Abramo è chiaramente molto partigiano: non si preoccupa della sofferenza che dovranno patire Agar ed Ismaele; a questo Dio sta a cuore in primo luogo la stirpe di Abramo ma in particolare Isacco perché da Isacco nascerà proprio Giacobbe cioè il futuro Israele.

Anche Ismaele avrà però il suo premio di consolazione perché anche da lui discenderà un grande popolo cioè quello degli Arabi del deserto.

Abramo si sente con la coscienza a posto: la cattiveria, che si accinge a compiere ha avuto l'approvazione di Dio dunque può tranquillamente passare all'azione e infatti....« *di buon mattino prese il pane e un otre di acqua e li diede a Agar, caricandoli sulle sue spalle; le consegnò il fanciullo e la mandò via*» (Genesi 21,14)

Non dovremmo scandalizzarci! La schiava non ha diritti! Anche agli occhi di Dio, purtroppo, è lecito maltrattare le persone che hanno la disgrazia di essere state schiavizzate da circostanze storiche varie!!

Abramo ora si sente tranquillo perché ha fatto quello che era stato suggerito da Dio ma ignora quello che stava accadendo ad Agar.

Agar ha paura si trova nella zona di Bersabea e si perde nel deserto. Ben presto l'acqua dell'otre si esaurisce, il piccolo Ismaele piange. Il sole è ancora infuocato, l'aria è torrida e irrespirabile, Agar cerca disperatamente una zona d'ombra e finalmente vede un cespuglio; ne approfitta per dare refrigerio ad Ismaele.

È stremata e alla stanchezza del corpo si associa lo scoramento dell'anima. Si siede non lontano da Ismaele, lo fissa, lo compatisce, ha paura per il suo destino, comincia a piangere in silenzio ma poi la rabbia e la disperazione si sfogano nelle urla che si disperdono per quegli spazi aridi del deserto di Bersabea.

Questa volta Dio ha pietà per la sventurata e manda dal cielo un angelo: «*che hai Agar?- le dice - non temere, perché Dio ha udito la voce del fanciullo là dove si trova. Alzati prendi il fanciullo e tienilo per mano perché io ne farò una grande nazione*» (Genesi 21,18).

Sembrerebbe che Dio si preoccupi principalmente di un suo disegno nazionalistico per la discendenza di Ismaele e molto meno delle condizioni di precarietà e sofferenza del bambino e di sua madre Agar. Finalmente per Ismaele e per sua madre si presenta la salvezza: Agar apre gli occhi e vede un pozzo di acqua!

Ritorna la voglia di vivere e Agar si alza di slancio, va verso il pozzo riempie l'otre abbracciando Ismaele, lo disseta! Da quel momento per Agar e per Ismaele si presenta un nuovo progetto di vita. Abitano nel deserto di Paran, probabilmente con i nomadi in piccole tribù.

Ismaele cresce forte ed abile tiratore di arco e in seguito si sposa con una egiziana.

La frattura tra la discendenza di Isacco e quella di Ismaele si sarebbe approfondita con il passare degli anni ma di questo Abramo non potrà essere testimone perché la sua tarda età non glielo avrebbe consentito.

Si avvererà purtroppo la profezia che l'Angelo del Signore fece ad Agar quando, rimasta incinta, tentò la fuga per il maltrattamento di Sara.

Allora l'angelo rincuorandola le disse a proposito del nascituro Ismaele: «*Egli sarà come un ònagro, la sua mano sarà contro tutti e la mano di tutti contro di lui e abiterà di fronte a tutti i suoi fratelli*» (Genesi 16,12).

Stava accadendo tutto questo! Ismaele era cresciuto nel deserto di Paran, si stava indurendo nell'animo per la vita precaria del deserto e per le frequentazioni di nomadi corsari e avventurieri. Diveniva "selvatico" come un ònagro; aggressivo, forte, furbo e spregiudicato, abile nelle armi e sicuro nel tiro dell'arco.

<u>L'impronta del figlio abbandonato, nutrito dal dolore della madre e forse dalla pietà di qualche nomade del deserto non si sarebbe mai cancellata con il trascorrere degli anni ed anzi fu data in eredità ai discendenti nomadi del deserto!</u>

Con il senno del poi potremmo dire che la colpa del padre ricade abbondantemente sui figli ed anzi su tutte le generazioni future!

Mentre nel deserto di Paran si consumava il dramma umano di Ismaele e di Agar non lontano da Gerar, nel territorio del re Abimelech, Abramo aveva dimenticato Agar e suo figlio, Ismaele e si adoperava per consolidare l'amicizia con Abimelech per ottenere il massimo dei favori in quel territorio dei Filistei sperando sempre di conquistare la terra da dare in eredità a suo figlio Isacco.

IL POZZO DEL GIURAMENTO BERSABEA

La lettura del capitolo della Genesi relativo al giuramento di Abramo e del re Abimelech a Bersabea stimola alcuni interrogativi e curiosità.

Perché il capo dell'esercito del re di nome Picol si trova con Abimelech quasi in posizione di minaccia e di garante dell'ordine pubblico mentre il re ammonisce Abramo?

Perché Abimelech si appella alla religiosità di Abramo per scongiurarlo a non agire con inganno nei suoi confronti e nei confronti dei suoi familiari e discendenti?

Che cosa turba Abimelech della condotta di Abramo se gli ricorda con una certa enfasi affettuosa che lui, re di un paese straniero, lo ha accolto benevolmente?

La lettura del passo seguente potrebbe fare intendere che sia sorta una controversia tra Abramo e gli abitanti del posto con i servi di Abimelech a proposito dell'uso di un pozzo di acqua.

Pare che ci sia stata una usurpazione del pozzo ad opera di Abramo che tuttavia giura che l'usurpazione sia stata effettuata dai servi del re in quanto il pozzo era stato scavato dallo stesso

<u>Abramo</u>. Per convincere il re offre sette agnelle dicendo: «*Tu accetterai queste sette agnelle dalla mia mano perché ciò mi valga di testimonianza che io ho scavato questo Pozzo*» (Genesi 21,30).

Il re Abimelech non prende posizione, non conosce la verità ciò nonostante accetta di buon grado l'offerta di Abramo il che stipula un'alleanza con il re offrendo alcuni capi del gregge e dell'armento.

Questa Alleanza dette al luogo il nome di Bersabea cioè «Pozzo del giuramento» e costituì per Abramo un grande successo in quanto Bersabea fu un punto fermo per la conquista della «Terra Promessa».

In quel luogo Abramo piantò una tamerice e invocò il nome del Signore a testimoniare la sua prima conquista del territorio Palestinese.

Il capitolo biblico relativo al giuramento di Bersabea non offre molti elementi di informazione sulla controversia tra Abramo e i servi di Abimelech tuttavia l'esortazione e la preghiera di Abimelech nei confronti di Abramo perché si ricordi della benevolenza e della buona accoglienza ricevuta in terra straniera, <u>alludono ad un comportamento</u>

minaccioso ed ingannevole di Abramo contro gli abitanti del posto tale da costringere il re ad intervenire con Picol capo dell'esercito!

Si nota come Abramo, anche in questa circostanza, si sia avvalso della sua abilità e astuzia per appropriarsi del Pozzo di acqua tanto vitale per la permanenza della sua famiglia in quel territorio semidesertico.

Abramo dunque giura ad Abimelech che sia lui che i suoi familiari si asterranno da ogni tipo di condotta scorretta: «*giurami - dice il re - qui per Dio che tu non ingannerai né me né i miei figli né i miei discendenti come io ho agito amichevolmente con te, così tu sarai corretto con me e con il paese nel quale sei forestiero*» (Genesi 21,23).

Abramo giurerà ad ed anzi offrirà sette agnelle ed altri animali a testimonianza della sua lealtà. Abramo trarrà vantaggi da questo giuramento perché di fatto avrà il possesso del pozzo di acqua e getterà le basi di una conquista territoriale permanente!

IL SACRIFICIO DI ISACCO

«Dopo queste cose, Dio mise alla prova Abramo e gli disse: «Abramo, Abramo!». Rispose: «Eccomi!». Riprese: «Prendi tuo figlio, il tuo unico figlio che ami, Isacco, va' nel territorio di Moria e offrilo in olocausto su di un monte che io ti indicherò». (Genesi 22,1-2)

Il racconto preso alla lettera e interpretato con l'ottica teologica presenta una Divinità che vuole una prova di estrema fedeltà cioè l'olocausto di un figlio amatissimo senza alcun'altra motivazione se non la totale dedizione e obbedienza cieca ad un Dio sicuramente sanguinario e crudele!

Se non vogliamo trincerarci dietro a interpretazioni fumose che troncano il pensiero razionale dell'uomo il racconto biblico solletica qualche obiezione critica.

Perché Dio avrebbe dovuto rivolgere ad Abramo questa folle richiesta sanguinaria? Perché un Dio buono e giusto dovrebbe mai chiedere il sangue di un bimbo innocente per verificare la fedeltà di un suo devoto seguace calpestando la sacralità ed i diritti di un'altra persona considerata oggetto di proprietà?

Sappiamo che nella realtà umana talvolta si mettono "alla prova" le persone per verificare le loro qualità morali perché si nutre il sospetto di tradimento dei collaboratori o dei partners e si teme il danno materiale o morale derivanti dall'infedeltà.

Se questa linea logica la si applica alla relazione Dio-Abramo è lecito chiedersi il tipo di danno che potrebbe ricevere Dio dall'infedeltà di Abramo e soprattutto il motivo del sospetto divino nonostante che Abramo si sia sempre comportato bene seguendo le indicazioni del Signore!

Forse è più ragionevole ricercare qualche altra interpretazione al tentato olocausto di Isacco da parte di Abramo.

<u>Abramo decide di andare nel territorio di Moria in un determinato monte per fondare un santuario Israelita come spesso si faceva per affermare la propria identità e il diritto territoriale.</u>

Sappiamo che Abramo aveva avuto dal re Abimelech l'autorizzazione a vivere nel territorio di Bersabea presso il "Pozzo dell'Alleanza". Si rinforzò dunque il desiderio di uscire dalla condizione di nomade e di straniero nella terra Cananea.

Non c'erano però le condizioni per una conquista militare per mettere a tacere gli autoctoni che mal sopportavano questa tribù numerosa dedita all'allevamento e alla pastorizia guidata da Abramo.

Esisteva però un'altra forma di affermazione identitaria e di conquista quella cioè della diversità culturale e religiosa.

I Cananei erano soliti affermare e consolidare la loro identità e potere partendo dalle fondazioni di santuari traendo dalla divinità venerata la legittimazione ed il potere politico.

La venerazione della divinità Cananea aveva però un elemento rituale decisamente crudele: si aveva il convincimento che Dio dovesse essere propiziato con le offerte di primizia.

Tra le primizie da offrire ritualmente alla divinità c'era anche la nascita di un bambino primogenito.

I Cananei infatti erano soliti immolare sull'altare il primo bambino nato in una famiglia.

Anche Abramo volendo affermare la propria identità culturale ed anche ottenere la legittimazione della sua permanenza in terra Cananea volle seguire questo stesso rituale.

Il testo della Genesi giustifica la richiesta di sacrificio di un figlio da immolare sull'altare come una esplicita richiesta di prova di fedeltà che Dio stesso abbia rivolto ad Abramo.

Abramo fin dal momento della partenza per recarsi sul Monte nel Territorio di Morja sa bene che non ucciderà <u>Isacco ma vuol compiere una scena teatrale per essere apprezzato ed accettato dai Cananei</u>.

Questa interpretazione è coerente con la personalità astuta di cui tante volte Abramo ha dato prova.

D'altra parte è il racconto stesso che inconsapevolmente lo mette in evidenza.

Abramo giunto ai piedi del monte di ferma e dice, ai servi: «*Fermatevi qui con l'asino, io e il ragazzo andremo fin lassù<u>, ci prostreremo e poi ritorneremo da voi</u>*» (Genesi 22,5).

Se la vittima fosse stata Isacco non si comprende perché Abramo abbia detto ai servi "ritorneremo" …. I servi conoscono il rituale Cananeo e non si sarebbero meravigliati se Abramo avesse detto: "<u>ritorno qui</u>".

<u>Abramo in verità vuole che tutti dicano che il sacrificio di Isacco è stato sostituito con il sacrificio di un ariete per espressa volontà di Dio accreditandosi dunque il ruolo di un profeta interprete della volontà</u>

di Dio che decide di sostituire il rituale sanguinario del sacrificio di un figlio con quello di un animale ottenendo dunque l'obiettivo del riscatto.

Abramo è orgoglioso di questo suo figlio che non è primogenito ma è figlio di sua moglie Sara e dunque destinato a fondare una vera dinastia con il compito di conquistare la Terra Promessa.

Dio infatti premia la fedeltà di Abramo «*Io ti benedirò con ogni benedizione e renderò molto numerosa la tua discendenza come le stelle del cielo e come la sabbia che è sul lido del mare*» (Genesi 22,17)

Abramo in ogni circostanza mostra la sua ossessione: conquistare la terra promessa e avere una discendenza numerosissima.

Sia lecito ancora effettuare un'altra considerazione critica. Se Abramo è così fedele, ciecamente obbediente alle richieste più assurde di Dio quali l'uccisione in sacrificio rituale di un figlio prediletto, perché mai questo Dio aveva una grande necessità di mettere alla prova il povero Abramo?

Meglio credere che sia stato proprio Abramo ad architettare la messa in scena (come ben sapeva fare con la moglie-sorella) per ottenere l'obiettivo della

<u>considerazione e legittimazione del suo soggiorno in
terra Cananea da parte della popolazione straniera!</u>

ABRAMO OTTIENE IL DIRITTO DI CITTADINANZA CANANEA

«Sara morì a Kiriat-Arba, cioè Ebron, nel paese di Canaan, e Abramo venne a fare il lamento per Sara e a piangerla» (Genesi 23,2).

Isacco e suo padre Abramo vivono per molti anni nel territorio di Bersabea ma non sono noti i fatti accaduti.

Sembra che Sara si sia allontanata dal marito e abbia trascorso gli ultimi anni della sua vecchiaia nel territorio di Ebron non lontano da Bersabea. Si ignorano i motivi del suo allontanamento né si conoscono i nominativi delle persone che l'abbiano potuta ospitare: è certo però che Abramo si sia recato presso la località di Kiriat-Arba cioè Ebron per le esequie di sua moglie Sara che all'età di centoventisette anni morì in quella città.

In questa dolorosa circostanza si presenta ad Abramo il grave problema della sepoltura di sua moglie. È da sempre pellegrino in terre straniere. Nonostante le tante costruzioni di altari o sacrifici e santuari dedicati a Dio, Abramo non è titolare di alcun territorio, viene ospitato ora dagli Egiziani, ora dai Cananei, ora dai Filistei. Alla morte di sua moglie dovrà inginocchiarsi davanti agli Hittiti che abitano nel territorio Cananeo.

Giunto in Ebron si rivolgerà implorante agli Hittiti con queste parole «*Io sono forestiero e di passaggio in mezzo a voi. Datemi la proprietà di un sepolcro in mezzo a voi, perché io possa portar via la salma e seppellirla*» (Genesi 23,4)

La richiesta di Abramo non rimase inascoltata.

Quegli Hittiti che abitavano in Ebron nel territorio dei Cananei dimostrarono una particolare stima appellandolo come "principe di Dio" perché evidentemente si era diffusa la voce che Abramo aveva particolari virtù divinatorie e taumaturgiche. La richiesta, umilmente avanzata, ebbe generosa accoglienza «seppellisci il tuo morto nel migliore dei nostri sepolcri» (Genesi 23,6).

Abramo però nutriva altre aspirazioni: voleva cioè entrare in proprietà di una porzione di terra dove fu ospitato fin dai primi giorni del suo arrivo in Palestina e cioè nella zona di Macpela di fronte a Mamre proprio in Ebron nel paese di Canaan.

Probabilmente l'acquisizione di quel terreno e di quella caverna sepolcrale non doveva essere un'operazione facile perché Abramo con toni accorati si appellò al buon cuore degli Hittiti presenti perché intercedano presso un tale Efron figlio di Zocar proprietario del fondo e della caverna sepolcrale davanti Mamre.

Il figlio di Zocar che si trovava seduto in mezzo a quegli Hittiti non si oppose e volle pattuire il prezzo di vendita di quel terreno con annessa la caverna sepolcrale. *«Efron rispose ad Abramo: Ascolta me piuttosto, mio signore: un terreno del valore di quattrocento sicli d'argento che cosa è mai tra me e te?»* (Genesi 23,15).

L'acquisizione di questa proprietà rappresentò un significativo passo avanti per Abramo.

Per la prima volta Abramo non si sente più nomade e straniero e quantunque abbia in antipatia i Cananei è orgogliosissimo di questa acquisizione che potrebbe significare il segno tangibile di una nuova cittadinanza.

Il racconto della Genesi sottolinea con una certa enfasi la nuova condizione di Abramo e chiama a testimoni i tanti Hittiti presenti al negoziato e persino tutti i cittadini che entravano per caso nella porta della città.

Tutti dovranno dire "anche Abramo è uno dei nostri!"

Il racconto si sofferma ancora sull'evento contrattuale e sulla nuova condizione di cittadinanza acquisita da Abramo. Ribadisce dunque che il campo e la caverna da quel momento divennero di proprietà di Abramo.

Sara fu collocata con rispetto nella caverna sepolcrale davanti alla località di Mamre nella città di Ebron.

ABRAMO SPOSA CHETURA

Si hanno poche notizie sui fatti accaduti ad Abramo dopo la morte di Sara.

In un piccolo paragrafo del capitolo 25 della Genesi si parla della nuova moglie di Abramo una certa Chetura che nonostante l'età avanzata di Abramo ebbe l'opportunità di mettere al mondo sei figli che furono a loro volta i capostipite dei popoli che abitavano l'Arabia e cioè Limran, Ioksan, Medan, Madian, Isbak e Suach.

Anche il primo figlio di Abramo cioè Ismaele fatto con la schiava egiziana Agar dette l'inizio di una tribù che abitò in Arabia ma nella zona del nord.

E' interessante notare che Abramo, padre di tanti figli, scelse però il solo Isacco come erede di tutti i suoi beni.

Potrebbe per noi moderni suscitare una certa indignazione il fatto che Abramo abbia avuto un comportamento discutibile con tutti gli altri figli privilegiando il solo Isacco.

«Quanto invece ai figli delle concubine- è scritto – diede loro doni e mentre era ancora in vita, li licenziò,

mandandoli lontano da Isacco suo figlio, verso levante, nella regione orientale» (Genesi 25,6).

L'odio e le lotte che diverranno in seguito i protagonisti della Storia e degli scontri tra gli abitanti della Palestina e delle terre arabe orientali erano dunque già prevedibili per questi lontani comportamenti del Patriarca Abramo, che ignorò i diritti dei suoi figli dando il primato e tutti i suoi beni al solo ISACCO!

IL MATRIMONIO DI ISACCO

Abramo è molto avanti con gli anni, ormai è stanco e non ha più le energie grazie alle quali ha affrontato tanti problemi con il favore del Signore.

La sua grande ambizione è stata sempre di poter conquistare una stabilità territoriale e dare una patria alla sua discendenza.

Era necessario che il suo figlio prediletto, Isacco, continuasse la grande avventura di conquistare la terra promessa da Dio e provvedesse al compito proposto dal Signore stesso: «*Io ti benedirò con ogni benedizione e renderò molto numerosa la tua discendenza come le stelle del cielo e come la sabbia che è sul lido del mare*» (Genesi 22,17).

Abramo odiava i Cananei nella cui terra aveva "piantato" le sue tende e <u>mai avrebbe accettato una donna Cananea nella sua tribù perciò volle fermamente che la moglie di Isacco fosse una ragazza della sua famiglia di origine.</u>

Come sappiamo, suo fratello Nacor si era fermato nel territorio dell'Alto Eufrate, nei pressi di Carran e lì decise di inviare il più anziano dei suoi servi, Eliezer, per scegliere la futura nuora.

«*Metti la mano sotto la mia coscia e ti farò giurare per il Signore, Dio del cielo e Dio della terra, che non prenderai per mio figlio una moglie tra le figlie dei Cananei, in mezzo ai quali abito, ma che andrai al mio paese, nella mia patria, a scegliere una moglie per mio figlio Isacco*» (Genesi 22, 2-3).

Eliezer pensò subito che l'impresa non sarebbe stata facile perché avrebbe dovuto convincere una brava e inesperta ragazza a lasciare la propria famiglia, le proprie abitudini e avventurarsi in un viaggio verso un territorio totalmente straniero e conoscere un giovane mai visto che forse avrebbe anche riservato qualche sorpresa non gradita! Partì dunque per Carran e intanto pensava alla sua strategia.

Eliezer cercò un argomento seducente per dimostrare che l'aspirante sposo era benestante e molto generoso con la futura sposa e con i suoi familiari: si fece dare da Abramo ogni sorta di beni e monili che avrebbero certamente affascinato l'ignota ragazza.

Portò con sé ben dieci cammelli, oggetti d'oro, vesti pregiate, monili d'argento insomma ogni ben di Dio, come si suol dire, per convincere una qualunque ragazza a intraprendere un viaggio lungo per conoscere il futuro sposo.

Dopo alcuni giorni giunse nell'Alta Mesopotamia nei pressi del corso del fiume Eufrate, nelle terre della città di Carran dove erano rimasti i familiari di Abramo. Suo fratello Nacor e sua cognata Milca avevano messo al mondo vari figlioli tra i quali Betuel che a sua volta aveva generato una bella ragazza che si chiamava Rebecca.

Detto per inciso, anche Nacor aveva provveduto generosamente a moltiplicare la sua gente perché come ricorda la Genesi, con la moglie Milca mise al mondo otto figli e per essere ancora più sicuro <u>della permanenza della sua razza fece quattro figli con la concubina Reuma</u>.

Abramo al quale fu riportata la notizia di questa generosità del fratello Nacor credette bene di mandare Eliezer a cercare una bella figliola nel suo parentado per darla in moglie a suo figlio Isacco.

Quando Eliezer giunse nella città di Nacor stava tramontando il sole e si fermò all'imbrunire fuori della città proprio vicino al pozzo d'acqua dove a quell'ora le ragazze della città si recavano con le brocche per attingere acqua.

Eliezer ovviamente aveva bisogno di capire quale sarebbe stata la donna giusta per Isacco.

Rivolse la preghiera al Signore di Abramo e ricevette una saggia indicazione:

«La ragazza che ti dirà bevi e darà acqua anche ai tuoi cammelli è quella giusta!»

In effetti Eliezer seguì un ottimo criterio: per vivere bene in una numerosa comunità quale quella di Abramo la sposa migliore sarebbe stata quella più attenta e disponibile ai bisogni di tutta la comunità familiare che era anche una comunità economica con le esigenze degli animali fonte di ricchezza.

Mentre Eliezer rifletteva sul criterio della scelta, gli si avvicinò una ragazza di nome Rebecca. Era venuta ad attingere acqua al pozzo. Quando vide lo straniero non solo lo fece bere ma con pazienza fornì acqua anche per i cammelli.

È questa – pensò Eliezer – la sposa ideale per Isacco!

Bisognava passare alla seconda fase della complessa operazione cioè il corteggiamento!

L'astuto servo ringraziò la ragazza con un'offerta generosissima: un pendente d'oro di valore e due braccialetti del peso di dieci sicli d'oro.

Rebecca rimase lusingata e con disponibilità fece conoscere le sue generalità e accolse di buon grado la richiesta di ospitalità.

La generosità di Eliezer affascinò anche il fratello di Rebecca di nome Làbano che corse presso il pozzo e con parole di cortesia disse al forestiero: «Vieni benedetto dal Signore! Perché te ne stai fuori mentre io ho preparato la casa e un posto per i cammelli?».

Tanta ostentazione di ricchezza fece spalancare le porte dell'accoglienza!

Làbano fece del tutto per compiacere i forestieri: «*tolse il basto ai cammelli, fornì paglia e foraggio ai cammelli e acqua per lavare i piedi a lui e ai suoi uomini. Quindi gli fu posto davanti da mangiare*» (Genesi 24,32).

L'abile servo di Abramo, avendo apprezzato molto la ragazza per la sua bellezza e per le sue virtù morali, volle che tutti i parenti di Rebecca non avessero trovato alcun impedimento al matrimonio e alla partenza verso una terra sconosciuta.

Magnificò dunque la condizione di Abramo esaltando la sua ottima fortuna con il favore del Signore «*Il Signore ha benedetto molto il mio padrone, che è diventato potente: gli ha concesso greggi e armenti, argento e oro, schiavi e schiave, cammelli e asini.»* (Genesi 24,35).

Raccontò l'eccezionale evento della nascita di Isacco da genitori ormai anziani nonostante la condizione di sterilità della madre Sara. Insistette alquanto sulla presenza protettrice del Signore e riferì la volontà di Abramo di far sposare il figlio Isacco con una donna della sua famiglia di origine, vietando tassativamente una parentela con la gente Cananea.

Il racconto non poteva non entusiasmare i parenti di Abramo. Sia Làbano, fratello di Rebecca, che Betuel suo padre rimasero lusingati dalla richiesta del servo di Abramo. Espressero la loro totale disponibilità anche perché di fronte al volere del Signore non si potevano opporre resistenze. «<u>Dal Signore la cosa procede non possiamo dirti nulla. Ecco Rebecca davanti a te prendila e va e sia la moglie del figlio del tuo padrone, come ha parlato il Signore</u>».

Ma cosa disse Rebecca che non aveva mai visto questo giovane parente che abitava nella terra di Canaan?

Eliezer non le dette neanche la possibilità di esprimere un qualunque suo pensiero magari per richiedere un minimo di tempo e approfondire la conoscenza e avere qualche elemento relativo alla personalità e alla qualità fisica di Isacco!

Eliezer fu abile corteggiatore togliendo quasi il respiro a Rebecca: «*si prostrò a terra davanti al Signore, tirò fuori oggetti d'argento e oggetti d'oro e vesti e li diede a Rebecca; doni preziosi diede anche al fratello e alla madre di lei*» (Genesi 24,52)

La ricerca di una moglie si configurò dunque come un ottimo affare economico per la famiglia di Betuel nipote di Abramo.

La mamma ed il fratello di Rebecca avrebbero voluto che la figlia restasse qualche altro giorno in casa ma Eliezer espresse la sua opposizione perché Abramo lo aveva pregato di non indugiare, probabilmente perché era malato e temeva per la sua vita.

Rebecca non oppose alcuna resistenza alla partenza e con la sua laconica risposta di assenso si predispose a partire per la mattina seguente e divenire dunque la moglie di Isacco! «Chiamarono dunque Rebecca e le dissero – Vuoi partire con quest'uomo? – Essa rispose – Andrò!»

Al mattino seguente Rebecca con la nutrice si accomodarono sul basto del cammello e guidate dal servo Eliezer e dagli altri uomini della scorta si diressero verso la Palestina dove si trovavano Abramo e Isacco.

REBECCA INCONTRA ISACCO

Non sappiamo quanti giorni abbiano impiegato Eliezer e gli altri per giungere in Palestina nell'area del Negheb presso il pozzo di Lacai Roi residenza di Isacco. Giunsero sul far della sera quando l'aria dolce e fresca consentiva il rilassamento e la serena passeggiata prima del riposo notturno.

In quell'ora Isacco ritornava dal pozzo di Lacai Roi e passeggiava senza pensieri per la campagna nel territorio del Negheb.

La sua attenzione fu sollecitata dall'arrivo di una decina di cammelli adeguatamente bardati cavalcati da uomini e da alcune donne.

Le sagome incerte nella lontananza presero forma di persone conosciute. Isacco si fermò e attese l'arrivo dei suoi uomini con il desiderio di conoscere le donne che erano con loro.

Prima dell'incontro Rebecca scese dal cammello e chiese al servo: «Chi è quell'uomo che viene attraverso la campagna incontro a noi?»

Eliezer prontamente rispose «E' il mio padrone!»

Rebecca si sentì travolgere dall'emozione: il volto si colorì all'improvviso e poi un pallore lo rischiarò mentre la saliva si prosciugava sulla bocca rendendola impacciata nel parlare. Istintivamente prese un velo e coprì il viso.

Il racconto della Genesi è avaro di particolari e non usa molte parole per raccontare un incontro che normalmente potrebbe essere oggetto di una lunga descrizione di stati d'animo e di pensieri dei protagonisti.

Con poche parole la Genesi così liquida l'evento privo di emozioni e di contesti poetici «*Isacco introdusse Rebecca nella tenda che era stata di sua madre Sara; si prese in moglie Rebecca e l'amò.*» (Genesi 24,67).

Si ha motivo di credere che questa modalità dell'evento ritenuto il più importante per una donna, potrebbe aver offeso mortalmente la giovane Rebecca.

Il lato comico e forse grottesco di questo modo di raccontare è dato dalla frase conclusiva: «*Isacco trovò conforto dopo la morte della madre*» (Genesi 24,67).

E' lecito pensare che l'autore abbia una certa confusione sugli affetti, non sapendo cogliere la differenza dell'amore filiale da quello coniugale!

LA MORTE DI ABRAMO

«La durata della vita di Abramo fu di centosettantacinque anni. Poi Abramo spirò e morì in felice canizie, vecchio e sazio di giorni e si riunì ai suoi antenati». (Genesi 25,7)

Si potrebbe chiudere qui il racconto dell'epica di Abramo in questa citazione essenziale e scarna riferita dal libro della Genesi frase questa che suona come un epitaffio da apporre in una lapide di un cimitero di modesta dignità sociale.

Abramo però non è morto come non è morto Ulisse, come non è morto Giasone se mai fosse nato come non muoiono tutti coloro che hanno il coraggio di affrontare l'ignoto geografico o politico-sociale per aprire nuove strade alla voglia di conoscere e di progredire.

Non è il caso di distinguere tra le figure della narrativa epica, spesso frutto di creazione artistica, e le figure storicamente contestualizzate. Non è neppure il caso di soffermarsi su argomenti di morale e di politica magari per minimizzare ed inficiare la bontà di un'impresa epica quantunque questo argomento abbia una sua valida giustificazione. Ora si vuole celebrare il coraggio di un uomo che con giustificazioni religiose, (reali o immaginarie che fossero), si spinge verso terre ignote con una sua tribù fatta di parenti e schiavi acquistati nei vari mercati e guida la carovana trainata da asini su strade impervie alla ricerca di pozzi d'acqua e di erbe fresche per alimentare il gregge di pecore e cammelli.

<u>Abramo aveva bisogno di un grande ideale per realizzare l'ambizioso progetto di procurarsi un terreno fertile e costruirsi una patria sapendo che avrebbe incontrato la resistenza delle genti che già abitavano in quei territori.</u>

Credette che lo stesso Dio avesse scelto, (forse in maniera non conforme a giustizia), la sua gente per farla protagonista di un messaggio di civiltà o di salvezza come i religiosi amano esprimersi.

Il convincimento fideistico della scelta divina fu allora e continua ad esserlo ancor oggi un motore ad alto potenziale che blocca ogni perplessità critica legittimata dalla razionalità umana e dalla storia degli uomini.

<u>Il diritto fondato su basi teologiche e dunque divine non ammette argomenti fondati sulla lucida</u>

155

ragione umana che esige parità di diritti e di doveri fra tutti gli uomini.

Il diritto su basi teologiche è per definizione superiore agli uomini e dunque ad esso bisogna soggiacere.

Il popolo eletto da Dio è un popolo superiore.

Abramo però non vedrà la conquista della Terra Promessa; il compito sarà svolto dai suoi discendenti. Ad Abramo tuttavia va tutta la nostra simpatia per il suo coraggio, la sua volontà ferrea la sua capacità di superare i tanti ostacoli usando forse la sua furbizia e spesso spregiudicatezza morale.

Non gli si perdona lo sgarbo fatto ad Agar e conseguentemente a suo figlio Ismaele.

Lo stesso giudizio di condanna morale è legato inoltre al suo comportamento con i figli di Chetura che avendoli diseredati gettò le basi di un conflitto imperituro tra i figli del deserto ed i figli di Israele discendenti da Isacco figlio prediletto di Abramo.

A cuor leggero Abramo «*diede tutti i suoi beni a Isacco. Quanto invece ai figli delle concubine, che Abramo aveva avute, diede loro doni e, mentre era ancora in vita, li licenziò, mandandoli lontano da Isacco suo figlio, verso il levante, nella regione orientale.*» (Genesi 25,5-6)

Come ben sappiamo quei figli mandati lontano in oriente da allora in poi non ebbero più pace e di generazione in generazione il loro odio si moltiplicò con conseguenze di sangue!

A conclusione ci viene voglia di fare il gioco del "Se", condannato dagli storiografici che saggiamente ci ricordano che la Storia non si riscrive con i "se" e con i "ma".

Insomma cosa sarebbe successo Se Abramo fosse stato meno intollerante con i Cananei?

Certo è che lo spirito di separazione di razza così radicato nell'anima di Abramo tanto da far giurare Eliezer, il capo della servitù, a non far sposare Isacco con una figlia dei Cananei, è stato fortemente coltivato da tutti i discendenti di Isacco!

Abramo dunque morirà in "felice canizie" ma la Terra «promessa» non fu conquistata... la lotta continua!

Nel cuore di Abramo morente forse ritornava martellante la promessa che il Signore gli fece quando suo nipote Lot si separò dirigendosi verso la pianura di Sodoma: «*Alza gli occhi e dal luogo dove stai spingi lo sguardo verso il Settentrione ed il Mezzogiorno, verso l'oriente e l'Occidente. Tutto il paese che tu vedi io lo darò a te e alla tua discendenza per sempre (....) Alzati percorri il paese in lungo e in largo perché io lo darò a te»* (Genesi13,14-17).

Forse il sogno di Abramo, la promessa del Signore, non verrà mai dimenticato dai discendenti di ieri e di oggi.

Indice